新时代浙商管理经验丛书··························

U0593135

本书由浙江省软科学重点研究项目（编号：2020C25008）、浙江财经大学工商管理学院浙商研究专项项目资助

新时代浙商建设幸福企业管理经验

吴道友 等 编著

经济管理出版社

ECONOMY & MANAGEMENT PUBLISHING HOUSE

图书在版编目（CIP）数据

新时代浙商建设幸福企业管理经验／吴道友等编著.—北京：经济管理出版社，2020. 8
ISBN 978-7-5096-7542-7

Ⅰ. ①新… Ⅱ. ①吴… Ⅲ. ①企业管理—经验—浙江 Ⅳ. ①F279. 275. 5

中国版本图书馆 CIP 数据核字（2020）第 169189 号

组稿编辑：张莉琼
责任编辑：丁慧敏　张莉琼
责任印制：黄章平
责任校对：陈晓霞

出版发行：经济管理出版社
　　　　　（北京市海淀区北蜂窝 8 号中雅大厦 A 座 11 层　100038）
网　　　址：www. E-mp. com. cn
电　　　话：(010) 51915602
印　　　刷：北京晨旭印刷厂
经　　　销：新华书店
开　　　本：720mm×1000mm/16
印　　　张：13. 5
字　　　数：228 千字
版　　　次：2020 年 10 月第 1 版　2020 年 10 月第 1 次印刷
书　　　号：ISBN 978-7-5096-7542-7
定　　　价：78. 00 元

总　序

　　浙商是中国当代四大商帮之首。千余年来浙商风云际会，人才辈出，在浙江乃至世界各地书写了波澜壮阔的商业历史。从唐朝资本主义萌芽，到明清时期民族工商业的脊梁，浙商用敢闯敢拼的进取精神和踏实肯干的务实作风，用商业实践写就了中国民族资本主义发展的篇章。历史上，大量浙商曾在民族经济和民族企业发展过程中留下了浓墨重彩的一笔，如明初天下首富沈万三，清末红顶商人胡雪岩、五金大亨叶澄衷等。自改革开放以来，大批浙商纷纷登上时代的舞台，秉持"历经千辛万苦、说尽千言万语、走遍千山万水、想尽千方百计"的"四千"精神，在改革开放中取得了举世瞩目的伟大成就，一大批知名企业家如鲁冠球、马云、李书福、杨元庆、宗庆后、任正非等走在了中国改革开放的最前沿，成为改革开放的商业领袖，引领浙商企业在商业实践中砥砺前行，取得了空前伟业。

　　随着中国民营经济的蓬勃发展，浙商企业已成为中国民营企业发展的一面响亮旗号，威名响彻大江南北。"浙商"企业早已不是当初民营经济的"试水者"，而是助推中国经济腾飞的"弄潮儿"。"冰冻三尺非一日之寒"，浙商企业的成功既有其历史偶然性，更有其历史必然性。浙商企业的蓬勃发展是中国改革开放的一个缩影，通过"千方百计提升品牌、千方百计保持市场、千方百计自主创新、千方百计改善管理"的"新四千"精神，浙商企业在激烈的市场竞争中占据重要地位，浙商企业的管理实践经验对中国本土企业的发展有着深刻的启迪和引领作用。这其中蕴含的丰富管理理论和实践经验需要深入挖掘。

　　当前中国特色社会主义进入了新时代，这是我国发展新的历史方位。新时代下互联网经济和数字经济引领发展，以阿里巴巴为代表的移动支付等数字交易平台发展全国领先，新经济催生了新的管理理念和管理模式，新时代催生浙商新使命、新征程、新作为和新高度。对新时代浙商企业管理经验的全方位解读，并产出科研和教学成果，是产学、产教融合的有效途径，也是对浙商群体乃至其他商业群体发展的指路明灯。

2019 年恰逢中华人民共和国成立 70 周年，浙江财经大学成立 45 周年，浙江财经大学工商管理学院成立 20 周年。浙江财经大学工商管理学院在全院师生的不懈努力下，在人才培养、科学研究和社会服务方面做出了理想的成绩。新时代工商管理学院也对商科教育不断开拓创新，坚持"理论源于实践，理论结合实践，理论指导实践"思想重新认知和梳理新商科理念。值此举国欢庆之际，浙江财经大学工商管理学院聚全院之智，对新时代浙商管理经验进行总结编纂，围绕新时代浙商管理经验展开剖析，对新时代浙商企业的实践管理经验进行精耕细作的探讨。深入挖掘浙商企业成功的内在原因，进一步探讨新时代浙商企业面临的机遇和挑战。我们期望，这一工作将对传承浙商改革创新和拼搏进取的精神，引领企业发展和助推中国和浙江的经济高质量发展起到重要作用。

本系列丛书研究主题涵盖新时代浙商企业管理的各个方面，具体包括："新时代浙商企业技术创新和管理创新经验""新时代浙商文化科技融合经验""新时代浙商互联网＋营销管理经验""新时代浙商跨国并购管理经验""新时代浙商绿色管理经验""新时代浙商企业社会责任管理经验""新时代浙商国际化经营管理经验""新时代浙商互联网＋制造管理经验""新时代浙商知识管理经验""新时代浙商商业模式创新经验""新时代浙商战略管理经验""新时代浙商营销管理经验"等。本丛书通过一个个典型浙商管理案例和经验的深度剖析，力求从多个维度或不同视角全方位地阐述浙商企业在改革开放中所取得的伟大成就，探讨全面深化改革和浙商管理创新等的内涵及其关系，进一步传承浙商的人文和商业精神，同时形成浙商管理经验的系统理论体系。

本系列丛书是浙江财经大学工商管理学院学者多年来对浙商企业管理实践的学术研究成果的结晶。希望本系列丛书的出版为中国特色管理理论发展增添更多现实基础，给广大浙商以激荡于心的豪情、磅礴于怀的信心、砥砺前行的勇气在新时代去创造更多的商业奇迹，续写浙商传奇的辉煌。相信本系列丛书的出版也在一定程度上会对新时代其他企业发展提供必要的智力支持，从多个角度助推中国民营经济的发展。

浙江财经大学党委委员　组织部、统战部部长

董进才教授

PREFACE
序　言

　　中国共产党人的初心和使命，就是为中国人民谋幸福，为中华民族谋复兴。2020 年是我国全面建成小康社会、实现第一个百年奋斗目标的关键之年。顺应人民群众对美好生活的向往，不断增强人民群众的获得感、幸福感，是全体中国人民的不懈追求。企业作为社会组织中的重要一员，也应该为我国建设幸福社会做出应有的贡献，建设幸福型企业。

　　企业人力资源开发归根到底要做好员工的工作，推动幸福企业建设，让每个员工感受到幸福至关重要。企业想要获得长远的发展，首先需要得到员工的认可，建设幸福企业对于提升员工幸福感、调动员工积极性、保持企业可持续发展具有重要意义。建设幸福企业既是每个员工的核心需要，也是企业可持续发展的客观要求，更是企业应尽的社会责任。倡导幸福企业建设，能有效打造企业与职工之间的利益共同体，促进劳动关系的和谐与稳定，既有利于维护广大职工的合法权益，也能增强企业的凝聚力和竞争力、促进企业健康发展，更能推动经济繁荣和社会稳定。

　　近年来，浙商企业响应国家号召，积极开展幸福企业建设，进行了许多有益的探索和实践，提升了企业的全球竞争力，激发了企业发展的信心，积累了宝贵经验，并取得了一系列成效，为浙江经济社会发展做出了积极贡献，为浙江努力成为新时代全面展示中国特色社会主义制度优越性的重要窗口提供了生动素材。为归纳和总结浙商在建设幸福企业过程中所取得的宝贵经验，本书以案例的形式，选取了 14 家具有代表性的浙江民营企业作为研究对象，对其在建设幸福企业过程中的探索和实践进行了深入的调查和分析。案例企业选择标准如下：

　　（1）企业近年来经营状况良好，市场竞争力强，具有较好的社会声誉；

　　（2）企业管理长期坚持以人为本，关爱关心员工发展，员工幸福感强；

　　（3）开展幸福企业建设的指导思想明确，建设举措有力，成效明显，具有较强的参考借鉴意义。

本书将所选取的14个幸福企业案例按照行业类别划分为上下两篇，上篇是传统制造类企业幸福组织建设案例，共8个；下篇是科技服务类企业幸福组织建设案例，共6个。所有案例均由六个主要部分组成，分别是案例导读、企业简介、建设幸福企业的指导思想、建设幸福企业的具体举措、经验借鉴和启发思考题。

主要案例情况如下：

上篇：传统制造类企业

第一篇 传化集团：和谐企业，幸福管理

第二篇 吉利集团：快乐人生，吉利相伴

第三篇 海亮集团：为员工创造幸福是企业发展的需要

第四篇 正泰集团：重视引进和培育各类优秀人才

第五篇 圣奥集团：与员工同苦共累，更同甘共享

第六篇 万丰奥特："活力幸福企业"的探索与实践

第七篇 奥克斯集团：人对了，企业就对了

第八篇 娃哈哈集团：33年年夜饭，员工都哈哈

下篇：科技服务类企业

第九篇 海康威视：成就员工便是成就企业

第十篇 天能集团：新时代幸福企业的样本

第十一篇 浙大网新：员工幸福是建设幸福企业的根本

第十二篇 横店影视城：梦想照进现实的幸福

第十三篇 浙江天搜科技：以人为本，幸福同行

第十四篇 静博士美业集团：经营幸福企业，铸就幸福员工

在本案例集编写过程中，参考了以往学者的研究成果、中外媒体的新闻报道，同时对部分案例企业进行了实地调研访谈，在此向为案例提供素材的专家、新闻工作者和相关企业表示衷心的感谢。

浙江财经大学工商管理学院人力资源管理系吴道友、旷开源、胡孝德、张维维、曾垂凯、董蕊、刘国珍7位教师分别牵头完成了相关案例的编写；企业管理专业研究生夏雨、张晓慧、何秋燕、唐怡、芦婷、童舒倩、张旭霞、胡桥龙、吴红娅、董悦等参与了案例的编写，人力资源管理专业本科生张伊萌、孔子伊、张晶宇、杨青、朱语瞳等参与了案例资料的搜集工作，在此一并表示感谢。

　　本书既可以作为工商管理、企业管理、人力资源管理等相关专业研究生、本科生学习"管理学""幸福学""组织行为学""企业战略管理"等相关课程的案例教学参考书，同时也可供广大企事业单位管理人员学习、研究使用。

　　幸福企业建设内涵丰富、涉及面广，尽管笔者已尽最大努力，但由于水平和时间有限，书中内容难免存在不当或错漏之处，敬请广大读者批评指正（wudaoyou@ zufe. edu. cn）。

吴道友

2020 年 6 月于杭州

DIRECTORY
目　录

上篇　传统制造类企业

下篇　科技服务类企业

作为服务型企业，每个员工都将面对顾客，只有他们发自内心的微笑和自豪，才能让客户真正满意。我们承诺横店影视城是一所大学校，每个员工在获得合理收入的同时，还能有良好的互动学习和成长机会。

以"让感恩成为行动"为理念，以贯彻履行幸福员工、回报社会为使命，希望通过感恩行动加强员工的家庭观、社会观和企业观。

人生最重要的两件事情：让自己更幸福，然后帮助别人更幸福。

上　篇

传统制造类企业

第一篇

传化集团：和谐企业，幸福管理

吴道友　夏　雨[*]

真正视员工为主人，企业就不怕员工监督、提意见，员工就会尽心尽力为企业干事，最终受益的还是企业。

——徐冠巨
传化集团董事长

案例导读

图片来源：传化集团官网。

幸福企业就是能够满足员工幸福需要的企业，为员工创造幸福。传化集团一直坚持以"幸福员工，成就客户，引领产业"为使命，努力建设成为新时代的幸福企业。

本案例首先对传化集团建设新时代幸福企业的指导思想进行了介绍，其次从实施企业

---

　* 作者简介：吴道友（1975-），男，汉族，湖北赤壁，浙江财经大学工商管理学院教授，博士。研究方向：人力资源管理、创业管理。Email：wudaoyou@ zufe. edu. cn。夏雨（1997-），男，汉族，安徽安庆，浙江财经大学人力资源管理研究所助理研究员，硕士。研究方向：人力资源管理。Email：XiaYuT@ zufe. edu. cn。

内部民主管理、打造"幸福员工"心理工作室、建设员工全新发展平台、构建和谐劳动关系、建设幸福企业文化五个方面系统梳理了传化集团在建设幸福企业过程中的实践探索，最后对传化集团在建设新时代幸福企业方面的经验进行了总结归纳。

传化集团恪守"以员工为中心、以价值创造者为本、持续奋斗、共创共赢"的核心价值观，聚焦新兴产业进行探索实践，持续推进幸福企业的管理模式创新，努力将企业发展与社会发展相结合，将建设幸福企业梦想融入时代浪潮，传化集团在建设幸福企业过程中的探索与实践也值得其他企业借鉴和参考。

关键词：民主管理；和谐劳动关系；幸福员工；文化引领

 前言

幸福感是衡量企业成功与否的重要指标之一，幸福的企业文化是公司的内功、软实力，也是公司最大的生产力（金少策、潘欣怡，2011）。传化集团通过坚持以人为本的企业文化理念，在企业内部管理上实施民主管理，为企业员工打造心理工作室和全新的发展平台，构建企业和谐劳动关系，为员工营造了公平公正、简单高效的工作氛围，让员工通过勤奋工作实现个人价值和人生幸福，使传化集团实现幸福发展。

传化集团从企业幸福文化入手，将单纯的"绩效管理"转变为"企业愿景"，宣扬企业的大发展、大追求、大梦想，构建了以建设幸福企业为核心的幸福文化理念体系，引领企业的幸福发展，这不仅满足了员工工作的基本要求和发展需求，还使传化集团逐渐步入百亿规模的行列。

 企业简介

传化集团创建于1986年，经过30多年快速稳健的发展，现已成为一家以化工、物流、农业和投资等业为主的多元化产业集团。传化集团位列"中国企业500强""中国民营企业500强""中国最具价值品牌500强"；先后荣获"全国文明单位""全国五一劳动奖章""全国模范劳动关系和谐企业"等荣誉称号；是"浙江省企业文化建设示范单位""浙江省企业文化优秀单位"，并获得"全国企业文化优秀成果奖"；集团党委、工会、团委分别被评为"全国先进基层党组织""全国模范职工之家""全国五四红旗团委标兵"。

传化集团坚持以科技创新践行绿色、低碳、节能、环保的理念。现有"传化股份"和"新安股份"两家上市公司，产品覆盖全球主要国家与地区。依托产业链与产业平台的深化发展，传化化工现已涵盖专用化学品、新材料、煤化工、石油化工等领域。作为中国系列最全、品种最多、规模最大的专用化学品系统集成商，其应用领域涉及纺织印染、造纸、塑料、皮革、建材、农业、水处理、洗涤、新能源等。其中有机硅单体规模、技术经济指标及产业链完整性位于世界前列；农用化学品中的草甘膦产量亚洲第一、全球第二；纺织化学品中的助剂市场占有率全国第一；DTY 化纤油剂产销量全球第一；活性染料的产销量、研发能力全国第一；其他相关领域均位于国内前列。

传化集团结合企业自身特点，塑造"严细实"的管理风格，打造具有"感恩心、上进心、改善心、恒心、责任心"的"五心"团队，改变了很多人对化工企业的刻板印象。传化集团认为，企业不仅仅是赚钱的工具，更是推动人类社会进步的重要载体。传化集团的社会责任感是立体的、全方位的，既体现在依法纳税、诚信经营、提供就业、回馈社会等物质财富的创造和奉献上，也体现在企业家的精神追求、企业的发展追求、企业文化建设、知识财富的积累等精神财富的创造和奉献上。

 建设幸福企业的指导思想

一、培养幸福员工，成就幸福企业

员工幸福是企业发展的内生力。传化集团作为民营企业创业伊始什么都没有，因为员工的不懈努力，才有了公司的一切。由此，传化集团相信只有员工满意了，员工才能迸发工作的热情，才能有好的产品和服务迎接市场，成就客户。

传化集团相信，只有员工幸福了，才能实现客户增加、创造价值，才能让其舞台更加广阔，让其所追求的梦想更加多彩，才能为客户提供优质的产品、服务和解决方案，实现商业成功和事业梦想。

要幸福员工，就要建立三个共同体——利益共同体、事业共同体、生命共同体，为员工搭建可持续发展的事业平台，营造公平公正、简单阳光的企业氛围，让员工通过勤奋工作实现个人价值和人生幸福。

二、坚持幸福文化引领，实现企业幸福发展

以幸福文化为指导，以事业为基石，以市场为导向，以品质、技术、人才为要素，传化集团由内而外，点滴积淀，精益求精，凭借优质的产品、专业的服务、良好的信誉，铸造了响亮的传化品牌。传化员工在幸福文化的指导下，以传化集团事业为基石，由此形成了品牌折射文化、文化决定制度、制度决定人才、人才决定技术、技术决定品质、品质吸引客户的品牌逻辑路线。

企业的幸福文化积淀滋生了传化品牌，而这些肯定、支持、关注、赞扬和认可、信赖，又支撑起了传化品牌。传化集团认为，事业是品牌存在和发展的基石，长期的探索、实践、创新，传化集团构筑了具有强大发展潜力的四大事业板块，其中，壮大了领先国内、走向国际的化工事业，独创了吻合中国需要的公路港物流发展模式，探索出了兼顾经济与社会效益的现代农业科技服务业发展新途径，实现"产业传化"、"创新传化"、"实力传化"和"幸福传化"。

良好的员工心态，优越的工作环境，幸福的企业文化氛围，促进了传化集团的幸福、快速发展。作为民营企业的一员，传化集团深刻地体会到，其是改革开放的受益者，也是改革开放的实践者和推动者。传化集团继续努力探索实践，牢牢把握企业幸福文化建设这一引领企业幸福发展的根本，为促进社会文明进步和建设幸福企业做出应有的贡献！

 建设幸福企业的具体举措

传化集团全力进行幸福企业建设，从实施企业内部民主管理、打造"幸福员工"心理工作室、建设员工全新发展平台、构建和谐劳动关系、建设幸福企业文化五个方面进行幸福企业建设。

一、实施企业内部民主管理，让员工幸福感爆棚

在市场经济体制下，企业民主管理是企业发展的前提，企业职工积极主动地参与到企业经营管理之中，能够有效提升职工凝聚力，激发职工主人翁

意识，缓解管理人员与职工之间的矛盾，促进企业发展。

企业要实现宏大的发展目标，必须依靠广大职工的共同努力，把改革创新落到实处，加快推进公司的转型升级（刘林峰，2017）。为此，传化集团在推进新一轮发展过程中，着力推进职工民主管理工作，积极落实职工民主权力，健全民主管理机制，完善民主管理手段，有效提升公司民主管理的能力和水平，为企业"改革创新、转型升级、再次创业"奠定良好的民主基础。传化集团作为民企常青树，长年实行民主管理，推出股权激励计划、合伙人计划、创客联盟等新机制，让核心骨干甚至全员持股，通过利益共同体加事业共同体形成命运共同体，让员工真正成为企业的主人。

（一）股权怎么分，员工说了算

瓦栏是传化集团旗下一个面向全国的印花面料设计师平台，类似于该领域的"淘宝"。通过这个平台，设计师完成作品上传展示，感兴趣的买家下单收货，为印染面料设计领域打开了全新的合作模式。作为传化集团由化工向IT行业延伸的新板块，瓦栏的工作人员由一群年轻人组成，4年多来，他们不断创新摸索，在这个新兴领域不断完善内容、提升品质。目前，平台已招揽设计师4000余名，常驻用户40000余个，每年的交易金额达到2000万元左右。

由于业务取得突破性发展，今年瓦栏被列入了传化合伙人计划。传化集团拿出该项目20%的股权分给了瓦栏员工，股权怎样分配由员工来定。瓦栏总经理余国平说，在初步方案中，基本上每一位员工都将分到股份，这样，员工对公司才有家的归属感，才能真正实现共同发展。

（二）新项目怎么做，员工说了算

把新项目全权交给员工做主，是传化集团近年来创新民主管理的又一举措。随着集团转型深入，传化的物流产业从传统公路港物流向"物流+互联网+金融"转型，化工产业从传统的制造业向"制造业+平台业务转型"，农业则从实体农业向"实体农业+互联网农业"转型。在这个过程中，有些新业务，不仅在传化集团内部没有先例，甚至在整个业界都没有可以借鉴的经验。面对这种状况，传化集团根据自身业务多元化、员工年轻化的特点，创新管理模式，将商业模式设计、赢利模式设计、产品定位设计等全权交于员工做主。由有能力的员工自发组建项目团队，通过不断学习和头脑风暴，开拓性地设计出具有传化特色的全新商业模式。易货嘀就是其中的成果之一。

面对企业提供的广阔舞台，有想法的员工纷纷跃身而上。传化集团应用技术部经理兰淑仙粗略一算，2020年以来，员工自发组建的大型攻关组就不下百个，攻关组成立后，组员就自发搬到公司，不分日夜攻克项目难题，短时间内就能为客户研发出新产品，突破业务"瓶颈"。

对于员工的努力，传化集团在物质上也给予了充分鼓励。如易货嘀项目已被列入合伙人计划。同时，传化集团还设有重大项目创新奖等特殊奖项，奖金额度根据贡献大小进行浮动，一次奖励甚至可高达几百万元。这样的平台，除了激发员工在现有岗位上聚智聚力外，也吸引了很多传统产业的老员工主动向新兴领域跨越，传化集团的产业转型升级和人员的优化配置实现了完美的同步发展。

（三）车间怎么管，员工说了算

传化纺化桥南工厂的车间里有一个"神器"，叫"小杨一把抓"，可以一次轻松举起9个沉重的生产包装桶整齐排放到叉车上。而在使用这个设备之前，包装桶必须由人力一个个搬到叉车上，运到仓库后，再一个个搬下来。使用"小杨一把抓"后，每月的搬运量从3000吨提高到了8000吨。

小杨就是"小杨一把抓"的发明人，但他既不是企业新引进的高材生，也不是设备研究人员。他只是车间一名普通的叉车司机，在日常工作中，发现了包装桶搬运量大，搬运工人不堪辛苦不断离职的问题。于是，这个中专毕业生利用工作空隙，不断琢磨办法，终于画出了一把抓的"草图"，他和工友们一合计，大家齐心协力把这个"一把抓"做了出来，极大地节省了人力物力，提高了工作效率。

类似"一把抓"的工人智慧在传化车间里随处可见，在一线车间，工人才是真正能发现问题、解决问题的人。不论学历高低，只要给予工人们机会，就能挖掘出他们的潜力。传化集团恰恰充分赋予了员工这个机会。通过全覆盖的工会组织，传化民主管理的触角一直延伸到一线车间。车间精益管理怎么实施，生产现场问题如何改善，班组文化怎样建设？这些问题，都交由员工自己做主。

"快乐工作，无忧生活"是传化集团对每一个员工的期许。在传化，关爱员工还体现在让员工充分参与到企业经营管理中，通过职工民主听证会、职工代表大会等载体，员工享有建议权、知情权、表决权，事前可以参与决策，事中共同攻坚克难，事后共享荣誉和成果，真正视员工为主人，企业就不怕员工监督、提意见，员工就会尽心尽力为企业干事，最终受益的还是企业。

二、打造"幸福员工"心理工作室，幸福理念直通人心

"幸福员工"是传化集团企业使命的核心内容，成立"幸福员工心理工作室"是化解员工思想困惑和情绪压力的现实需要。传化集团主要从三个方面来打造幸福心理工作室：一是构建组织网络，明确工作职责；二是开展心理辅导，促进心理健康；三是完善运行机制，提升工作水平。

传化集团设立"幸福员工心理工作室"：建立呵护员工心理健康的辅导平台，坚持以"幸福、和谐、健康、成长"为工作原则，为员工提供职业发展规划、人际关系处理、家庭矛盾协调、劳动政策咨询、婚恋交友、亲子教育等全方位的心理支持服务，帮助员工减轻工作生活中的压力与烦恼，以快乐的心情投入工作，努力把幸福企业建设落到实处。

（一）构建组织网络，明确工作职责

成立"幸福员工心理工作室"工作小组，由集团党委书记任组长，成员由集团内外部的心理学、员工关系管理、法律援助、思想政治工作等专业人员组成。工作小组的职责是制定员工帮助计划，为员工提供系统、长期的心理援助与辅导，从心理学角度对公司运行机制和员工成长发展进行诊断，提供专业指导、培训和咨询，帮助员工及其家庭成员解决心理和行为问题，从而改善公司工作氛围，提高经营管理绩效。目前，传化集团已聘请 13 名资深心理顾问，并公布了他们的电子邮箱、手机号码和 QQ 号，同时，设立"幸福员工心理工作室"热线电话，由固定人员负责接听和做好记录，并联系顾问进行心理辅导。

（二）开展心理辅导，促进心理健康

传化集团控股企业有员工 3600 多人，随着社会节奏越来越快，心理疏导已经成为企业员工的现实需求，为此企业采取了多种举措帮助员工缓解心理问题。一是积极开展个案咨询，对于员工主动提出的需求，由心理顾问进行一对一的心理辅导，消除其思想焦虑、心中烦恼、精神压力；二是定期举办

讲座沙龙，针对职工心理健康问题，开展情绪管理、压力应对、良好的人际关系与沟通能力等方面的专题讲座或文化沙龙，让员工获得心理健康方面的知识；三是团体心理辅导，针对刚入企的应届大学毕业生等同质性群体，开展团体辅导活动，帮助他们树立正确的人生观、价值观，引导他们健康成长、岗位成才。

（三）完善运行机制，提升工作水平

传化集团采取多种手段，积极从内心深处、从情感层面上去关爱员工，实现企业更高层面上的和谐。一是召开管理工作会议，不断完善"幸福员工心理工作室"运行机制，创新服务内容与服务方式；二是召集顾问会议，分析员工心理和思想上出现的共性问题、苗头性问题，及时制定应对措施，防微杜渐；三是党组织在重抓共性问题的同时，主动关注个性问题。近几年来，社会上因情绪失控、精神抑郁而出现的报复行为、自残等现象有进一步加剧的趋势，作为有着数千职工的传化集团，对此更是高度重视。

传化集团"幸福员工心理工作室"成立运行两年多来，建立健全机制、加强人文关怀，取得了显著效果，获得了企业经营组织和职工群众的认可，呵护了员工的身心健康。不良心情和情绪是导致亚健康的主要原因，"幸福员工心理工作室"通过倾听、交流等方式，让员工诉说心中烦恼；通过心理辅导让员工正确认识和面对矛盾与问题；帮助员工克服困难、战胜自己；促进了企业和谐劳动关系建设。"幸福员工心理工作室"将员工的思想问题、情感问题等纳入主动关怀的范畴，从源头上化解矛盾和问题，实现了企业劳动关系更高层面的和谐；提升了企业经营管理绩效。思想疙瘩、心中烦恼解除了，心情自然就好，工作质量与工作效率自然就高。"幸福员工心理工作室"成立以来，提供心理辅导和咨询服务 100 余人次，在心理顾问的帮助下，员工的工作状态有了很大的改观，工作的积极性、创造性大为增强，工作绩效显著提高。

三、坚持以人为本，建设员工幸福发展平台

传化集团坚持以人为本的发展理念，通过打造舒适办公空间、积极吸引人才和鼓励创新实践三个方面，为员工建设幸福发展平台，吸引更多人才流入，助力传化集团建设幸福企业。

（一）打造舒适办公空间

2017 年 4 月 16 日，总投资 10 亿元的传化集团新总部在杭州钱江世纪城核心区临江地块正式揭幕，这是传化集团践行"幸福员工"使命的又一大举措，传化大厦的启用为员工创造了更加人性化的工作环境。

传化集团新总部位于钱江世纪城核心区。新总部传化大厦地面层高 37 楼，可同时容纳 10000 人办公。这里不仅有更好的办公环境，还设置了健身房、员工沙龙、母婴室、咖啡吧和美食花园等改善员工生活的设施和场所。大厦的美食花园汇聚了全国各地的风味美食。徐冠巨认为，"这里构建了倡导学习与创造、合作与交流的人性化的办公空间，体现传化以人为本的宗旨和联接智慧、创业创新的精神风貌。"

大厦为员工提供了更好的培训设施。坐落在每一层办公区核心位置的"智慧树"、无处不在的开放式会议室，让创意的碰撞更活跃。员工在这种环境中将以更开放年轻的心态去构建传化的事业、规划自己的发展。"智慧树"让员工头脑风暴更"带感"。开放式会议室让工作交流无处不在。

（二）积极吸引人才

"传化大厦与杭州钱江新城隔江相望，紧邻钱江世纪公园，环境极好。而且交通便利，位于地铁二号和六号线交汇处钱江世纪城站。"在传化大厦项目组组长徐迅看来，新总部突出的地理位置优势将更有利于传化吸引各类国际人才的加盟。据最近公布的一组全国人才流动数据显示，杭州人才净流入量高达 8.9%，位居全国第一，超越北京、上海和广州。"80 后"员工占比达 7 成，互联网思维打造传化新时代，"现在有想法、有冲劲的'80 后''90 后'已经成为了传化发展的主力军，他们正处于职业发展的黄金期，传化要为他们提供实现梦想的平台。"徐冠巨说。

据统计，截至 2017 年 3 月，整个传化集团"80 后"员工占比已达 73.8%，在中层及以上干部中"80 后"占比也达到了 50%。而在传化物流，这一比例更高，"80 后"员工占比达到了 84.09%，中层及以上干部中"80 后"占比达到了 65.47%。

（三）鼓励创新实践

开放式办公环境，更便于交流沟通。互联网出身的杜江华，目前就职于传化物流智能系统数据平台部。"没想到，制造业起家的传化，如今随处可见互联网元素。传化不仅业务在转型，企业文化也在转型。这从办公环境的变化就能看出来。"杜江华说，"这里随处可见的白板和无遮挡式的工位让头脑风暴更方便。这种开放式的办公环境缩短了 Leader（领导）与员工之间的距离，让沟通与交流更方便和高效。现在，团队里很少感受到上下级的区别，有意见随时可以提，一切以结果为导向。"

无处不在的白板可以随时记下一闪而过的灵感。"共创、共赢、共享"带着互联网思维的理念也在传化落地生根。目前，事业合伙人计划已在化工、物流、农业和投资等事业板块全面铺开，更多的员工成为传化的主人。如传化物流旗下的易货嘀，是基于同城货运无车承运人概念的创业产品，通过一群平均年龄不到 28 岁的年轻人的创新与实践，用两年多的时间创造了全新的模式，易货嘀目前已跻身行业第一梯队阵营。又如传化"绿科秀·绿科邦"，是传化内部孵化的首个创业公司，一群年轻人利用互联网打造了全国首个聚焦新农业供应链的服务平台，为新农业技术和农业生产者、为优质创意农产品和消费者搭建桥梁。

传化大厦将成为传化"创新工场"的中心。只有员工幸福了，企业发展才有内生力，作为一个已经走过了 30 多年的企业，传化集团"幸福员工"的基因将在传化大厦这个新起点继续生根发芽。

四、构建和谐劳动关系，建设幸福企业

构建和谐劳动关系也是为建设幸福企业打造一种先进生产力。传化成立至今非常注重和谐劳动关系的建设，努力将和谐劳动关系变为企业先进生产力，这助推了传化的长远发展。传化集团主要通过四个方面来创建和谐劳动关系、创造幸福企业：一是尊重员工民主权利，营造温馨工作氛围；二是肝胆相照，企业与员工共患难；三是加强员工职业技能培训，创建企业和谐生态；四是开设职业发展"双通道"，加大人力资本投资力度。

（一）尊重员工民主权利，营造温馨的工作氛围

员工受到尊重就会对自己充满信心，对社会满腔热情，体会到自己生活在世界上的用处和价值。在传化集团，有专门收集职工对企业和管理者意见的"工会意见箱"，工会对反映的问题及时调查核实后直接提交集团领导进行

处理；有定期的"员工接待日"，工会与企业行政共同派人，下基层听取员工反映。多年来，工会组织不同员工群体每年分别召开职工座谈会，无论是新员工还是老员工，都可通过职工座谈会反映问题和要求。

传化集团给人印象最深的是："人情味儿浓"，而这背后，是董事长徐冠巨苦心多年的营造。传化集团尊重员工的主体地位，赋予员工主体权利，发挥员工主体价值。在知情权方面，建立广泛的信息沟通渠道，让员工及时了解企业的战略发展与经营决策信息，建立员工自助系统，让员工了解与个人有关的政策制度、绩效、工资等信息；在协商与表决权方面，加强工会建制，切实落实集体合同签订、工资协商、职工代表大会制度等，事关职工切身利益的制度、规定必须通过职工代表大会审议等；在话语权方面，各级组织会定期召开职工座谈会、设立职工信箱、开通员工热线，员工能通过民主听证、职工热线、总经理接待日、员工网上论坛等方式对企业管理和决策发表意见，并且员工可以随时倾诉自己的心声而不必担心自己的声音"石沉大海"，因为传化集团有专门机构受理并回复员工的意见建议。

（二）肝胆相照，企业与员工共患难

56 岁的浙江丝绸工学院染化系副教授李盈善是在 1992 年被引进到传化集团担任总工程师，他一直干到 70 岁才退休。"我从进入传化集团那一天起，新老两代董事长对我都是师长般的尊敬和亲人般的照顾。我提的建议大多被采纳，我搞科研时要钱出钱、要人给人，病了老董事长亲自到医院陪护，出了成果又是祝贺又是奖励……等到退休了，觉得没什么用了，没想到还被授予'终身员工'的称号并享受在职待遇，可以说这些年自己一直是在感动中度过的。"李盈善这样说。而正是怀揣这份感动，李盈善为传化集团主持开发了 17 个新产品，带出了一支能"打硬仗"的科研队伍。

不仅李盈善这样的元老级员工得到礼遇，而且传化集团的其他员工也享受到了同样的礼遇，所有传化集团的员工稳定率长期保持在一个很高的水平。15 年前第一批引进的 18 名大学生，多半还在这里干得很欢。近 5 年进入传化集团的 1500 多名员工，其中包括 700 多名大学本科以上学历者，因为各种原因向外流动的不到 8%。

"士为知己者死"。只有少数中国企业能真正领略到这份员工对企业的"知遇"情怀，正是因为"值得"二字，才有那么多的精英肯把自己一生最宝贵的感情和智慧，献给知遇的企业。得人心者得天下。传化集团能取得成功的重要原因之一，在于它懂得尊重人。和谐和平衡是一种企业管理的艺术。企业如果能把抽象的和谐劳动关系，落实到具体的企业管理中来，这种生产力带来的企业效应，绝对是惊人的。

（三）加强员工职业技能培训，创建企业和谐生态

职业技能培训是传化集团提供给员工的最大福利。为了帮助员工达到岗位资格要求，职业发展尽快"上台阶"，传化集团分别为技术工人、应届毕业生、后备管理骨干等提供了大量培训机会，企业成为员工可以不断学习提升的"大课堂"，2010年，传化集团共开展培训项目5300项，课时达13万小时，培训38828人次。

在传化集团，企业与员工的"和谐生态"究竟从何而来呢？传化集团的每一位员工都拥有一个平等上升的通道，员工升职并不是完全靠文凭，大家都是站在同一起跑线，文化水平不高的员工通过自己的努力也可以有升职的空间。传化集团为员工制定了一份职业发展的规划路线图，还有详细的任职资格标准，对照这份"路线图"，传化的每一名员工都能够找到自己的位置，员工通过明确的努力方向和可以实现的目标，来选择自己的职业生涯发展路线，员工的成长也助推着传化的发展，这使企业和员工之间形成了一种和谐生态。

（四）开设职业发展"双通道"，加大人力资本投资力度

随着知识经济的来临，人力资源在企业中扮演的角色越来越重要，从财务的杠杆效应来看，人力资源绝对是使企业资本增值生利、永续发展的唯一利器，但同时人力资源也占到企业成本的一大部分，特别是对于劳动密集型企业而言，人工费用更是成本管理的重点内容，认清人力资源的经济内涵，有助于合理规划人力资源，科学管理人力资源。

徐冠巨为员工铺就了一条畅达的职业发展道路：每一名进入传化集团的员工都有导师帮助他进行成长规划，都能不断获得相应的技能培训，这可以使员工通过凭借个人专长和优势围绕业务岗位和管理岗位"双通道"发展自己，从而通过有序竞争实现职位和待遇的提升。这个职业发展双通道机制就是员工根据个人的兴趣和专长，来选择成为业务能手或管理人才。公司里面岗位很多，每个员工都能够找到适合自己的一个位置，只有员工得到发展，企业才能迎来持续、健康的发展；只有员工突破职业发展的"天花板"，企业

才能突破成长壮大的"天花板"。

人力资本管理强调人的价值大小的差异，因而更重视高存量人力资本所有者的作用以及如何发挥他们的作用，也就是更重视对"知识员工"的管理或者对"企业家和技术创新者"的管理问题的研究和实践。传化集团为不同的岗位设计不同的任职资格标准，让员工明确自身的发展要求，让员工既可以成为业务专家，又有机会成为管理人才，避免"千军万马走管理独木桥"，让每位员工选择和制订自己的职业生涯发展路线。同时，在明确岗位任职资格的基础上，不断帮助员工分析差距并提供相应的培训支持。另外，传化集团还应用职业发展的"赛马机制"，让所有员工都有公平的发展机会。

传化集团一直秉承"人才资源是企业唯一的再生性资源，投资人才工程就是投资企业未来"的观念。传化集团确立要从重视"货币资本"向重视"智力资本"转变，从"人力资源"视角向"人力资本"视角转变，从"以人为本"向"以人才为本"转变，进一步加大了人力资本投资力度的发展理念。

五、从"五大方面"建设幸福企业文化，实现传化幸福发展

传化集团的幸福文化使其实现了幸福发展。传化集团从理念体系、组织体系、载体建设、发展成果共享、履行社会责任这五个方面来建设幸福企业文化，助力传化实现幸福发展。

（一）理念体系

成熟的企业文化肯定是能让企业幸福的文化，这种"幸福指数"关乎到每个传化员工，成熟的企业文化使传化集团不会计较眼前得失，全盘的战略布局才是它的重点。然而空谈战略布局，盲目跟从优秀企业一锤定音自己公司核心所在的企业，潜伏着莫大的危机。因此，传化集团以"社会责任感"为基础，确立了"幸福员工、成就客户、引领产业"的企业使命，以及"责任、诚信、务实、共赢"的核心价值观，和"开拓进取、勇于创新"的企业精神，构建起了较为完整的幸福企业价值理念体系。

（二）组织体系

传化集团通过经营组织与党群组织联动，保障企业幸福文化建设有效开展。成立幸福文化委员会，统筹推进幸福文化管理；设立幸福文化部门，负

责幸福文化发展的具体工作；创办幸福文化艺术团，宣传幸福文化建设的方针政策；建立幸福文化活动体系，每两年举办一届体育运动会。与此同时，传化集团通过"参与经营管理、引导健康行为、团结凝聚职工、协调多方关系"等途径，充分发挥公司员工在幸福企业文化建设上的协同推进作用。

（三）载体建设

传化集团认为美好的愿景不是靠听着美好却空洞的许诺搭建出来的，主流的标杆也是经过了优秀企业一步一个脚印扎实踩到实处才最终形成的，只学习和模仿表象，而不从实际出发修炼企业自身"内功"，不但会失去自己的个性，还会让自己习惯永远处于"追随者"的位置发声。

因此，传化集团构建了特色鲜明的视觉识别系统。重视企业内刊、企业网站、厂区宣传窗等宣传载体建设；不断丰富幸福文化主题活动，促进企业幸福文化建设的全面落地。

（四）发展成果共享

"发展成果共享，做有社会责任的企业"是传化集团的企业价值观，传化集团员工积极为企业发展做贡献，共同劳动、共同建设，用真心、诚心、骄人的工作业绩和自我价值实现的行动回报企业，使得"企业关心员工、员工关心企业"的"双关心"工程深入企业的每位员工心中。2008 年全球金融危机使很多公司业绩受挫，不得不裁员减人，传化集团也同样遇到发展困境，但传化集团高层发出指示，不管企业经营多么困难，决不裁减一个员工，同时，不将企业业绩下降作为借口，传化集团依旧给员工 10%～15% 的加薪，当年一线员工的年平均工资已经超过 30000 元，而全员的工资水平也超过了78000 元。

传化集团的管理者在发展和确立自己的企业文化时，从员工的角度出发，思考员工究竟要的是什么，自己又能给予他们什么，而不是一味想着自己能通过企业得到什么，这些员工能帮自己实现什么。传化集团的管理层知道这两者如果不能得到统一，以后企业不论走多远，最终不会顺利发展，迟早有一天，企业会在这种对立的索取下停滞不前甚至倒退和毁灭。

（五）履行社会责任

传化集团一直坚持培养企业文化，勇于承担社会责任。从这方面来讲，那些克扣员工工资，强迫员工加班，以所谓的规章制度条约来剥削员工的企业，由于缺乏实现长远发展的意识，在其发展过程中必然会遭遇"瓶颈"和死穴。

传化集团在履行社会责任方面：一是对员工负责，并将此作为企业履行社会责任最基本的内容，关注员工成长发展、关心员工生活状况、重视员工福利保障，让员工快乐工作；二是对社会负责，建设环境友好型企业，积极推动行业转型升级；三是热心公益事业，积极回报社会，传化集团发展 30 多年来，在社会公益事业上的投入超过 1.3 亿元。

通过持续推进企业幸福文化建设，传化的员工与传化结成了"利益共同体、事业共同体、命运共同体"，广大员工的主动性和创造性得到充分发挥，推动传化集团健康快速发展。

 经验借鉴

传化集团秉承"幸福员工，成就客户，引领产业"的使命，坚持以科技创新践行绿色、低碳、节能、环保的理念，将经济、社会、生态的和谐发展与企业的前途命运紧密相连，探索出了一条幸福管理之路。经过总结和提炼，传化集团幸福管理的主要经验有如下几条：

一、创建和谐劳动关系，增强员工幸福感

中国人的幸福感重视人际与集体的和谐，重视精神的感受，儒、道、佛三大流派在追求理想人格、追求审美的过程中，形成对不以个人情感为重点而代之以人际关系和社会和谐的集体主义幸福观（曾红和郭斯萍，2012）。员工是宝贵财富，创建劳动关系和谐企业，提升员工的幸福感，是企业生机和活力的根本所在，这正成为众多民企的新追求。

长期以来，传化集团形成了企业关爱员工、员工爱护企业、企业回馈社会、社会支持企业的和谐氛围，在发展好企业的同时，积极履行好创造税收、增加就业、保护环境、回报社会等责任，着力提高员工素质技能，让员工获得全面发展，构建新型劳资关系。从传化集团的幸福管理可以看出，企业需要构建和谐的劳动关系，这是建设和谐社会的重要方面，特别是在当前有些企业劳资纠纷频发的情况下显得尤为重要。

二、厚植幸福企业文化，培育正确的幸福观

幸福观是指人们对幸福问题总的看法和基本观点，文化是建构幸福观及塑造个人幸福主观经验的重要力量，文化也因此为人们设定了幸福的不同来源与条件（陆洛，2007），幸福的企业文化是公司的内功、软实力，是最大的生产力。

传化集团能取得成功的重要原因之一，在于它构建了以社会责任感为核心的企业文化理念体系，引领了企业的健康发展。由此可以总结出幸福企业文化注重满足员工不断增长的幸福要求，幸福文化对于提高员工素质，了解员工的不断增长的幸福需要，引导企业员工保持健康的心态，满足员工追求精神、情感、物质的富足需求，促进企业健康发展具有巨大的推动作用。

三、员工与企业共同奋斗，共享幸福发展成果

习近平指出，幸福都是奋斗出来的。奋斗是幸福的动能，奋斗从本质上说不是纯粹单个主体个人奋斗，而是具有社会性、人与人之间合作的共同奋斗（谈传生，2018）。企业的命运是所有企业员工共同努力的结果，在企业这条大船上，大家有着共同的奋斗方向。

传化集团充分发挥合资企业群团工作优势，从成长发展、权益保障、工作环境、身心健康、家庭和谐和收入增长等方面，全方位、多维度关心员工，用"双关心"文化精神塑造员工，充分发挥员工在企业变革发展中建功立业的积极性、主动性和创造性。由此可见，企业要做到"发展成果由职工共享"，共享的多少取决于企业的发展和价值创造，只有企业得以发展并创造出更多的价值和经济效益，才能实现更高质量的共享（程恩富和白红丽，2019）。

四、尊重员工权利，实施民主管理

需要层次理论认为当人们的基本需要得到相对满足时，就开始追求更高层次的需要——尊重需要（邱玉厚，2007）。随着人们生活水平日益提高，处于知识经济时代的人们对尊重的需要就显得尤为突出，尊重员工，满足员工

的尊重需要，可以激发员工的积极性和创造性，起到事半功倍的激励效果，尊重员工已成为企业一种有效的激励方式。

传化集团创新激励机制，推出了积分制度，员工通过在日常工作中发现隐患、提出合理化建议、参与改善提案等，可获得一定的积分，积分累积到一定数量后，就可以向企业换取自己梦想清单上的礼物。在市场经济体制下，企业民主管理是企业发展的前提，传化为尊重企业员工权利，实施民主管理，这提升了员工的自信和幸福感，从而为企业创造出巨大价值。因此，企业要实现宏大的发展目标，必须依靠广大职工的共同努力，把改革创新落到实处，加快推进公司的转型升级（刘林峰，2017）。

本篇启发思考题

1. 传化集团建设幸福企业的指导思想为何将"幸福员工"放在首位？
2. 传化集团为何要构建和谐劳动关系，打造和谐生态？
3. 传化集团员工幸福感从哪几个方面可以体现？
4. 如何看待企业文化和幸福企业建设之间的内在逻辑？
5. 企业和员工如何共享发展成果，实现互利共赢？

资料来源

［1］《萧山日报》，2018 年 9 月 17 日，http：//www. sohu. com/a/252509728_175146。

［2］《搜狐网》，2017 年 4 月 17 日，https：//www. baidu. com/link？url = L8d1U4kcfE – dfikctu6AHMxTSDH2Cao – SmIu09Usd1Oy67wDRldhxINN7c _ eVvVi&wd = &eqid = e6f648cd00003458000000065e23da1c。

［3］范林芳：《思想政治网》，2015 年 5 月 7 日，http：//siyanhui. wenming. cn/xb2015/jcjy/201505/t20150507_2600030. shtml。

［4］《第一资源》，2013 年 5 月 3 号，http：//www. tophr. net/magazine/magazine_index. asp？id＝517。

［5］蒋蕴、吕耀明、王飞：《浙江日报》，2012 年 12 月 13 日，http：//zjnews. zjol. com. cn/system/2012/11/13/018941806. shtml。

［6］麻雪莲：《浙江在线》，2012 年 4 月 13 日，http：//zjnews. zjol. com. cn/system/2012/04/13/018411138. shtml。

［7］刘可：《中国新闻网》，2012 年 4 月 20 日，http：//www. chinanews.

com/cj/2012/04-20/3834357_3. shtml。

[8] 金少策、潘欣怡：《腾讯财经》；2011 年 5 月 25 日，https：//finance. qq. com/a/20110525/004675. htm。

参考文献

[1] 金少策，潘欣怡. 民企幸福法则——传化：员工为何笑得那么甜 [J]. 浙商，2011 (9)：54-59.

[2] 罗巨涛. 幸福员工，成就客户，引领产业 [J]. 化工管理，2013 (15)：24-26.

[3] 罗光洁. 以人力资本为支撑推动中国经济发展研究 [D]. 云南大学，2015.

[4] 程恩富，白红丽. 企业共享的理论分析和实施原则——学习贯彻习近平新时代中国特色社会主义经济思想 [J]. 上海经济研究，2019 (1)：5-14.

[5] 邱玉厚. 尊重员工是企业有效的激励方式 [J]. 胜利油田职工大学学报，2007 (1)：3-6.

[6] 刘林峰. 实施民主管理建设和谐企业 [J]. 企业文化（中旬刊），2017 (11)：76-77.

[7] 曾红，郭斯萍. "乐"——中国人的主观幸福感与传统文化中的幸福观 [J]. 心理学报，2012，44 (7)：986-994.

[8] 陆洛. 华人的幸福观与幸福感 [J]. 心理学应用探索，2007 (9)：19-30.

[9] 谈传生. 习近平奋斗观的思想内涵、理论渊源与价值意蕴 [J]. 湖湘论坛，2018，31 (6)：2+5-12.

第二篇
吉利集团：快乐人生，吉利相伴

胡孝德　吴红娅[*]

　　快乐人生，吉利相伴。吉利的核心价值理念是这样的，都是为幸福、为快乐走到一块儿，为了一个共同的理想走到一起。我们要把环境营造好，大家都在一起，感觉到有意思，感觉到快乐和幸福。

——李书福

吉利集团董事长

案例导读

图片来源：吉利集团官网。

　　在企业管理的问题上，不同的管理理念会产生不同的管理制度，进而产生不同的管理效果。吉利集团的领路人李书福认为，成功的关键是人才和创新，吸引人才、留住人才的关键则在于"让员工幸福地工作"，只有解除员工的后顾之忧，充分调动员工的积极性，

---

　　* 作者简介：胡孝德（1966-），男，河南固始，博士，浙江财经大学工商管理学院副教授。研究方向：人力资源管理、企业社会责任。邮箱：hxdnx@126.com；吴红娅（1997-），女，安徽黄山，浙江财经大学工商管理学院研究生。研究方向：人力资源管理。邮箱：1825376642@qq.com。

激发他们的智慧和创造力，使全体员工自发地参与到企业管理中来，企业才能获得持续稳定的发展。

为此，吉利集团一直重视幸福企业的建设，致力于营造平等、公平、和谐的工作环境、保障员工基本权益；打造文化体系，提升员工凝聚力；建设企业大学、打造人才森林，为员工发展提供广阔的空间。在企业自身获得长足发展的同时，吉利不忘初心，积极履行社会责任，通过"吉时雨行动"等公益活动对外反哺社会。企业与员工相互赋能、循环共生，形成吉利集团不断发展的内生力量，提升了员工幸福指数，实现了员工和企业的共同发展，也为吉利集团赢得了越来越多国际合作伙伴的尊重和信任，助推其实现"让世界充满吉利"的愿景。

关键词：文化体系；"元动力"文化；人才森林；吉时雨

 前言

曾担任吉利控股集团副总裁兼新闻发言人的王自亮在关于吉利的一本书中有这样一段描述："在中国企业家中具备人格魅力的也不少，为何独独李书福吸引那么多人才？我会告诉你更多的事：有些人离开了一段时间还是会回来，一再有这样的事情发生，李书福照样给他们安排重要的位置。李书福吸引这些人的是体制、格局和雄心。留住这些人，靠的是他的科学管理和创新管理，包括信任、尊重、授权、激励。"吉利集团具有如此吸引力与其在人才培养、人才关爱等方面所采取的举措是紧密相关的。

在人才培养上，吉利集团通过多渠道的职业空间、全方位的培养模式、及时公平的激励手段等措施，营造识才、引才、聚才、用才、爱才的生态环境，为人才发展提供广阔的平台和空间；人才使用上，吉利集团积极构建内部人才市场机制，坚持以奋斗者为本的价值分配导向，以高目标、高绩效、高回报为原则，识别人才，使用人才；人才关爱上，吉利集团在员工面试、入职、试用、留用、轮岗、退休/离职的不同阶段，为员工建立了全职业生命周期的关爱计划，最终成就吉利人，幸福吉利人。

吉利集团的管理模式，为全员实现自主管理、自主经营搭建平台，充分发挥资源增值最大化，关注投入产出的同时，形成组织经营效益与个人经营收益挂钩的管理机制，实现"全员共同参与经营，人人都是经营者"，最终提高员工的幸福感和公司的效益最大化。

企业简介

吉利集团（ZGH）是一家全球化企业，总部位于中国杭州。集团始建于1986年，于1997年进入汽车行业。吉利集团一直专注于技术创新和人才培养，不断打基础、练内功，坚定不移地推动企业健康可持续发展。

目前，吉利控股集团拥有超过120000名员工，其中包括20000多名研发和设计人员，总资产超过3000多亿元，已发展成为一家集汽车整车、动力总成、关键零部件设计、研发、生产、销售及服务于一体，并涵盖出行服务、线上科技创新、金融服务、教育、赛车运动等业务在内的全球型集团。集团旗下现拥有吉利汽车、领克汽车、沃尔沃汽车、Polestar、宝腾汽车、路特斯汽车、伦敦电动汽车、远程新能源商用车、太力飞行汽车、曹操专车、荷马、盛宝银行、铭泰等众多国际知名品牌。各品牌均拥有各自独特的特征与市场定位，相对独立又协同发展。

从造车伊始，吉利集团就提出了企业使命、愿景、价值观等。经过不断地实践、调整，已经形成了完备成熟、全员知晓的文化理念。30多年来，吉利人秉承着"快乐人生，吉利相伴"的核心价值理念，发扬着吉利"团队、学习、创新、拼搏、实事求是、精益求精"的企业精神，为实现"造最安全、最环保、最节能的好车，让吉利汽车走遍全世界"的美丽追求而奋斗。

建设幸福企业的指导思想

吉利集团董事长李书福曾说："快乐人生，吉利相伴。吉利的核心价值理念是这样的，都是为幸福、为快乐走到一块儿，为了一个共同的理想走到一起。我们要把环境营造好，大家都在一起，感觉到有意思，感觉到快乐和幸福。"为此，吉利集团围绕"尊重人、成就人、幸福人"的理念，明确提出集团的管理思想为"领导为员工服务、部门为一线服务、员工考核领导、一线考核部门"，从帮助员工不断地成功并使他们成为推动企业发展的核心力量的主导思想出发，提出了"元动力"文化理念。

"元动力"的"元"是指企业的元气，是企业生命体的力量源泉与核心要素。而企业的元气主要是由企业的员工决定的，没有员工的努力就没有企业的凝聚力，也就不可能形成企业的战斗力。因此，员工是企业真正的主人，是形成企业战斗力的核心力量。全体员工的心，构成企业的元气，伤害了员工的心，就是伤了企业的元气。"元动力"文化建设，就是要理顺员工的气，凝聚员工的心，提升员工的幸福感，发挥员工的主动性、创造性，调动员工的工作积极性，把员工的所思所想化为企业的发展动力和市场竞争力。

 建设幸福企业的具体举措

一、多措并举，保障员工基本权益

吉利集团以"开放、尊重、包容"的态度，围绕"幸福人"的理念，为每位员工营造和谐的工作环境，针对一线和海外员工搭建相匹配的薪酬福利体系，充分保障每位员工的基本权益。

（一）为员工提供完善的薪酬福利

吉利集团于 2015 年修订了员工的薪酬管理制度。在综合考虑地域、层级和职能差异的基础上，构建了包含年度工资、效益奖金、期权和其他福利补贴等元素、适合吉利发展的薪酬福利体系。从基本保障、短期激励、长期激励等角度，保障人才供应能够支持吉利未来的快速发展。

吉利集团与员工签订《劳动合同》《工资专项集体合同》《女职工权益保护协议》等七项集体约定，多方位保障员工基本权利，每年为员工提供季度福利、节假日福利、生日福利并安排一次免费体检。按照相关规定，公司严格执行年假、病假、产假（陪产假）、婚嫁、丧假等各项休假制度。此外，公司推行奋斗者激励机制，设置书福奖、忠诚奖等，以塑造和培养业务标杆。2018 年，吉利集团为司龄满 5 年、10 年、15 年、20 年的 121 名员工颁发了忠诚奖勋章。

（二）为员工撑起健康安全的保护伞

吉利集团以安全生产信息化平台为载体，通过举办"安全生产月"等系列活动，全面推行安全生产标准化建设。同时，积极开展职业危害因素识别和风险管控，不断加强员工安全教育和培训，至今未发生重大安全和职业病事件。此外，吉利集团全方位关爱员工及其家属的健康，耗资近亿元为全体员工及其家属（配偶、子女及父母）购买意外（疾病身故）、重疾及门（急）诊等商业保险，解决员工后顾之忧，增强企业凝聚力。此外，公司持续开展员工互助和关爱工作，主要包括员工互助金帮扶，关爱吉利集团金帮扶以及职工子女教育帮扶等。

除为员工的安全保驾护航外，公司也主动帮助员工解决生活中的问题。过渡公寓租用、母婴小屋、健康爬楼运动、便民理发周、家属开放日、爱心暑托班……吉利集团急员工所急，想员工所想，从衣食住行的方方面面为员工提供便利，使员工享受快乐工作的同时能够快乐生活。

（三）为员工营造公平高效的工作环境

人才是企业最重要的资本之一，也是企业可持续发展的根本。吉利集团认为，员工为公司贡献了自己的青春和智慧，公司也应该致力于为员工营造公平公正、有发展前景和潜力的工作环境。公平公正的招聘政策是汇聚人才的基础，吉利集团针对集团公司各直属部门和各子公司制定了统一的招聘制度，集团人力资源部、一级子公司人力资源部和用人部门合力完成人员的招聘和录用管理。在招聘过程中，吉利集团不因种族、国籍、宗教、残疾、性别、学历等对应聘者产生任何歧视，采取公开、公平、公正的竞争上岗原则，不使用童工、拒绝强迫劳动。

绩效考核、薪酬管理等人力资源日常管理工作的有效、高效开展，很大程度上依赖于大数据支撑系统的准确性和及时性，而管理工作的有效性对员工工作幸福感有很大的影响。2016年，吉利集团持续推进HR Portal信息共享平台的建设，以全面整合员工基础信息、绩效考核、在线学习、资讯中心和福利商城等内容，并根据员工使用习惯开发适配的移动端版本。信息共享平台增进了各业务部门和员工之间的交流，形成了统一标准，提高了工作效率，营造了快乐工作的氛围。

（四）将对员工的关爱延伸至员工亲人

要"让员工想企业发展大计"，就要"领导想员工生活琐事"，吉利集团一直把员工生活当作大事来抓。为丰富员工生活，吉利集团不定期组织健康讲座、专家义诊以及各类专题培训，以及迎春晚会、歌手大赛、羽毛球赛、篮球赛、乒乓球赛、"生日趴"等各项文娱活动，将公司的关爱延伸至员工家庭，使每位吉利人能够安心开展工作。

吉利集团在生活区建造商品房，以远低于市场的价格卖给员工；在杭州湾、宝鸡等基地与当地最好的幼儿园合作，开办了多所吉利幼儿园，吉利幼儿园作息时间与相应制造基地同步，保障吉利员工子女接受优质教育的同时，确保员工能够安心工作；创办了老年活动室，给员工家里的老人提供休闲娱乐场所；开设"心灵绿岛"，为员工进行心理干预和引导。针对退休员工，所在部门都会安排简朴的退休仪式，并赠予退休铜牌及车模纪念品等。在每年的特殊时节，如重阳节、司庆日、春节等，吉利集团都会邀请退休的老同事们重回公司参观访问。未来，吉利集团将着手规划养老院，以解决员工父母的养老问题。

为了把关心员工落到实处，吉利集团还建立了员工满意度考核制度，各子公司每年必须针对上一年度员工满意度考核中的弱项，提出下一年度"为员工办十件实事"计划。

二、打造文化体系，提升员工凝聚力

（一）四大文化体系建设

"企业文化最大限度地统一了员工的意志，规范了员工的行为，凝聚了员工的力量，是企业发展宝贵的精神财富和文化积累。"这是吉利控股集团总裁杨健对于企业文化的理解。吉利集团逐步形成"奋斗者文化、问题文化、对标文化、合规文化"四大文化体系，其具体含义如下：

（1）奋斗者文化。即以用户为中心，以结果为导向，追求卓越，持续创造价值，成为受尊敬的人。吉利集团"奋斗者"行为就是用户至上，充满激情；自我挑战，绩效导向。

（2）问题文化。吉利集团让问题文化真正落地到生产经营实践中，认为发现问题是好事，解决问题是大事，回避问题是蠢事，没有问题是坏事。

（3）对标文化。对标文化的关键词是"动态对标"和"勇于立标"。对标文化要求动态瞄准高绩效、高成长的卓越组织，超级对标，勇于立标，成为行业的引领者。

（4）合规文化。吉利集团对员工的基本行为要求是：廉洁自律；诚实守信；勤勉尽责；高效透明；合规人人有责，合规创造价值。

四大文化体系将企业的神经系统与人的神经系统有效对接，让员工产生文化共振，建立共同的理想、信念及行为方式，在相互尊重、相互体谅、相互帮助、相互补台、相互搭台的文化氛围中，实现步调一致，共同进步。如此，人人都是"奋斗者"，人人都受到奋斗力量的鼓舞，在工作中敢于指出问题，勇于确立目标，一身正气，为自身发展和企业发展而付出努力，这样的员工何谈不幸福？

（二）"快乐经营体"文化建设

为了激发员工的积极性，让员工真正感受到自己是企业的主人，从2013年起，吉利集团在研发、采购、制造、营销等核心价值链推进"快乐经营体"建设。将组织划成一个个小小的团体，通过独立核算制加以运作，让全体员工共同参与经营，依靠全体员工的智慧和努力，实现员工个人价值和团队经营目标双赢。用吉利人的话说就是"把市场搬进企业，让每个业务单元、每个员工都当家理财，快乐参与企业经营"。

同时，围绕"尊重人"的理念，吉利集团还推行"我的质量我做主"的自主质量保证体系，持续推进员工提案，创造了《问题解决票》的现场问题解决方法，即员工提出的问题，领导者必须在规定的时间内给予答复，必须在规定的时间内予以解决，一线员工提出的问题要得到根本性的解决。此外，吉利集团还建立了员工民主评议机制，对领导干部的管理方式、工作态度、能力等进行评议，增强员工的主人翁意识。

吉利集团的企业文化模式，为全员实现自主管理、自主经营搭建平台，充分发挥资源增值最大化，关注投入产出的同时，形成组织经营效益与个人经营收益挂钩的管理机制，实现"全员共同参与经营，人人都是经营者"，最终提高员工的幸福感和公司的效益最大化。

三、人才为本，建立可持续的人才培养机制

（一）"有多大本事，给多大平台"

为了让员工找到合适的发展方向，发扬工匠精神，围绕"成就人"的理念，吉利集团确立"有多大本事，给多大平台"，把合适的人放在合适的岗位上的用人原则，打造以任职资格为基础的员工职业发展通道，构建了管理通道、专业通道和技能通道，并相互打通，以此保障员工各尽所能，各得其所，

让员工的积极性和创造性得到充分的发挥。在吉利集团，一名基层蓝领通过个人努力和提升，内部待遇最高可相当于研究院的副总工程师。

在培训资源及学习平台建设方面，吉利集团依托任职资格标准体系，搭建486个基准岗位的岗位图谱并编制课程地图。目前已推出4050门面授与线上课程，2100多位内训师。此外，吉利集团自主开发具备在线学习、知识管理、培训数据统计的综合培训管理平台，实现员工移动化学习。

（二）关爱员工全职业生命周期

吉利集团在员工面试、入职、试用、留用、轮岗、退休/离职的不同阶段，为员工建立了全职业生命周期的关爱计划。如面试阶段，通过面试硬件打造、面试氛围营造、面试官的素质培养等，提升面试人员的体验感知；入职阶段，通过建立入职引导、发放新人礼包、开展"梦启航"项目、为员工及家属购买商业保险等，提高员工在吉利集团的归属感；试用阶段，通过签订师徒协议、建立导师制、进行绩效辅导等，让员工快速融入团队；在岗与发展期间，通过专业化及多样化的项目培养、干部晋升机制、国际轮转计划等增强员工在吉利集团的获得感、成就感。

（三）打造"人才森林"生态

"人才森立"主要包括两个方面的含义。一方面，通过引进外部高端人才，形成人才大樟树，并提供良好的阳光雨露环境，使其扎根吉利集团；另一方面，通过内部培养，形成一棵棵人才小树苗，让大樟树带动小树苗一起成长，最终共同成长为有高有低、有大有小、具有强大生命力和生态调节功能的集团"人才森林"。吉利集团希望人才如同森林树木的成长一样，队伍更加壮大，结构更加优化，根系更加发达，让每个人都能看见自己的未来，都能成为驱动人才经营与创新的"人才官"。

以"人才森林"为指导，吉利集团在人力资源"N支柱"的基础上，跳出人力资源范畴本身，打造更符合全球人才发展和管理的See模型。See（看见）主要有两层寓意：从外向内看，通过企业的发展战略及优秀的企业文化，实现全球人才集聚，让外部"大树"看见吉利集团的平台和空间；从内向外看，通过"内生型人才培养"机制及有竞争力的激励体系，激发员工活力与创造力，让内部"小树苗"看得见自己的成长和成才。

（四）建设企业大学

吉利集团以"人才交付、文化赋能、组织发展"为宗旨，创办企业大学，设立领导力学院、文化传播学院、专业学院等 20 所内部学院，开设钱塘校区、和合校区、龙湾校区等 10 座大学校区，为员工建立了多渠道的职业空间，搭建了覆盖管理人才、技能人才、储备人才、业务合作伙伴的完整人才培养体系，开展了精准化、定制化、场景化的全员人才培养项目，形成了系统、完善的学习生态。

如"80 后"员工代表吕义聪，从吉利汽车路桥基地的一名普通技术工人起步，现已担任浙江省人大代表、浙江团省委兼职副书记。在吉利工作多年，他不仅收获了全国劳动模范、五一劳动奖章、中国青年五四奖章、全国技术能手、全国知识型职工标兵、全国优秀农民工、浙江省职工技能状元金锤奖等诸多奖项，享受国务院特殊津贴，还受到了习近平主席的亲切接见，以他的名字命名的"吕义聪技能工作室"也被评为 2015 年国家级技能大师工作室。

在他看来，吉利集团战略转型要想取得成功，就必须要抓技术、抓质量，而这些都离不开每一位一线员工的素质提升。为帮助公司的团队在工作中不断学习和进步，他收了很多徒弟，制订了专业的培训计划，定期开展汽车专业理论知识培训和技能训练课程，每一个人都可以登台分享自己的一技之长。伴他一起成长的十多名整车调试技能高手，很多都成为了集团调试班组的"当家花旦"，有的更凭借技术优势转入集团的其他系统。他给每位徒弟都下了一个"命令"，一定要在某一专项上超越师傅，跟师傅形成竞争或者对抗。这样一方面可以培养徒弟们独立思考的能力，另一方面也可以发现自己的不足，从而促进自己和团队的更大进步，使每天的工作氛围都充满着正能量。

四、投身公益，做负责任的企业公民

作为一个负责任的公司，积极承担社会责任是其应有的行为。吉利集团在社会公益活动方面做出了卓越的贡献，为集团提高了社会知名度，也为员工树立了这样的榜样，做好自己的同时，为社会创造效益。这是一个幸福企业正确的成长之路。

（一）做绿色出行的倡导者和践行者

吉利集团通过推进发展能源节约型、环境友好型社会的建设提高公司知名度、美誉度，使员工为身处这样的公司感到自豪、满足、幸福。

如今，世界各国都必须减少排放、节约能源并确保可持续性发展。对此，吉利集团正在采取行动，积极为发展能源节约型、环境友好型社会做出贡献。其社会责任计划的核心是：坚决致力于对可持续发展汽车的技术开发进行投资、建设绿色工厂和生产线并提高在环保必要性方面的意识。

吉利集团相信，员工对推动及实施节能减排活动至关重要。因此，集团非常重视发展绿化办公室文化，以提高员工的环保意识、减少工作场所的能源消耗。通过推行节能措施，发展办公室的资源节约习惯及提供回收服务，集团相信绿色办公室不仅可为员工提供健康的生活方式，还可为公司带来经济利益。

吉利集团在环保及社区发展领域的企业社会责任项目投资，为中国的可持续发展做出了积极贡献，并且还将继续挑战并致力于通过在全球范围内实现更大的节能和减排来实现可持续发展。

（二）启动"吉时雨"项目

2016 年 3 月，董事长李书福亲自部署，启动"吉时雨"项目。经过几年的实践，建立"集团牵头、基地主办、伙伴协同、全员参与"的内部扶贫工作机制，构筑"政府搭台、企业出资源、合作社＋农户执行、社会组织监管"的多方参与、农户受益的扶贫工作格局，执行实地调研、制定规划、项目实施、考核评价的科学扶贫流程管控，坚持"输血"更"造血"。秉承"吉利把生产基地建设到哪里，就要把精准扶贫工作开展到哪里"的指导思想，"吉时雨"项目进一步扩大帮扶区域。2016～2019 年，"吉时雨"项目累计投入资金超过 3.5 亿元，全国启动农业帮扶项目 25 个，帮扶 9 省 17 地的 13000 余个建档立卡家庭 25213 人次。

"吉时雨"项目得到了中央及地方各级党委、政府的肯定，先后获得民政部第十届"中华慈善奖"、团中央"CSR 中国教育奖——精准扶贫特别奖"，人社部、总工会、全国工商联"全国就业与社会保障先进民营企业"等荣誉。2018 年，中央政治局常委、全国政协主席汪洋对吉利精准扶贫的经验作了批示并给予充分肯定。"吉时雨"项目按照党中央、国务院扶贫开发工作部署，积极探索企业参与扶贫的新思路、新模式，立足贫困村，以建档立卡户为对象，为推动乡村振兴和民生改善贡献力量。

 经验借鉴

一、打造幸福企业需要保障员工基本权益

员工权益保障是企业首要履行的社会责任，因为员工直接影响着企业的持续发展，进而影响着整个社会的发展与稳定。吉利集团除了在薪酬、五险一金等基本福利方面给予员工保障，还给予了员工旅游、体检、生日会等有人情味、温情暖人的福利，并进一步将对员工的关怀延伸至员工的家庭，为员工免除后顾之忧，使员工可以专心致志、全力以赴地追求事业上的成功，提升员工的幸福感。

二、打造幸福企业需要企业文化做引导

企业要生存发展就必须寻求更科学、更系统、更完整的管理体系。企业文化提供了必要的企业组织结构和管理机制，当代企业要保持平稳和持续发展，必须开发具有自己特色的企业文化。吉利集团的"快乐经营体"文化、"元动力"文化以及"奋斗者文化、问题文化、对标文化、合规文化"的文化体系实现了企业价值观与员工价值观的有效对接，使员工产生文化共鸣，提升了员工的归属感和幸福感。

三、打造幸福企业需要公司领导层的重视

领导层的重视是打造幸福企业的保障。吉利集团董事长李书福非常重视打造幸福企业，让员工有成就感、自豪感、幸福感。在不同场合表达了打造幸福企业的态度与决心。

本篇启发思考题

1. 根据赫茨伯格的理论，解释一下吉利集团的做法。
2. 吉利集团打造幸福企业的四大文化体系有什么含义？
3. 企业如何平衡经济效益与社会效益？
4. 企业管理制度建设方面如何体现打造幸福企业？
5. 谈谈吉利集团创办企业大学在培养员工方面的做法。

资料来源

［1］浙江吉利控股集团有限公司官网，www. geely. com/。

［2］《吉利集团：企业文化塑造了更多的"奋斗者"》，台州商报，2016年3月24日，http：//biz. zjol. com. cn/system/2016/03/24/021079999. shtml。

［3］《吉利，真让人羡慕！》，搜狐网，2019年6月28日，https：//www. sohu. com/a/323573403_ 156369。

［4］《让幸福更近一步，吉利做了件大事》，东方资讯网，2019年6月21日，http：//mini. eastday. com/a/190621172434126. html？ qid＝02263。

参考文献

［1］孟怀虎. 民营制造：吉利之路与中国民营企业生存状态［M］. 广州：广东旅游出版社，2003.

［2］吴迎秋. 李书福的汽车密码：吉利并购宝腾路特斯始末［M］. 北京：人民出版社，2018.

［3］叶万芳. 激荡企业元气，成就快乐人生［J］. 企业文明，2017（2）：26-27.

［4］叶万芳. "元动力"文化——吉利的核心力量［J］. 中外企业文化，2016（1）：58-59.

［5］浙江吉利控股集团. 吉利人才森林生态构建与管理实践［J］. 中国工业和信息化，2019（Z1）：84-91.

第三篇

海亮集团：为员工创造幸福是企业发展的需要

吴道友　何秋燕*

> 员工开心了，企业才做得好事情。其实，对员工好是企业自身的需求，而不是员工的需求。
>
> ——冯亚丽
> 海亮集团董事长

📑 案例导读

关于海亮
守正 善行 致远

图片来源：海亮集团官网。

为员工创造幸福不仅是满足员工的需要，更是企业发展的需要。海亮集团相信，如果员工在海亮集团能够幸福地工作和生活，企业也将受益于幸福员工所带来的幸福成果，从

* 作者简介：吴道友（1975-），男，汉族，湖北赤壁，浙江财经大学工商管理学院教授，博士。研究方向：人力资源管理、创业管理。Email：wudaoyou@ zufe. edu. cn。何秋燕（1996-），女，汉族，江苏宿迁，浙江财经大学企业管理硕士。研究方向：人力资源管理。Email：Heqiuyan@ zufe. edu. cn。

而实现企业的长远发展。

本案例首先介绍了海亮集团建设幸福企业的指导思想：坚持"以人为本"、坚持"诚信共赢"、坚持"兼顾效益与功德"；其次从切实保护员工的权益、不断完善人才管理体系、营造多元的文化氛围、积极承担社会责任四个方面阐述海亮建设幸福企业的具体举措；最后案例对海亮集团建设幸福企业的经验进行总结归纳。

海亮集团在发展过程中始终坚持发挥员工的主力军作用，持续关注每一位员工的发展，并通过实际行动提高员工幸福感，实现了企业的快速发展，为制造类企业建设幸福企业提供了宝贵经验，也为其他企业开展幸福企业建设提供了可供借鉴的范本。

关键词： 以人为本；诚信共赢；社会责任

 前言

为员工谋幸福，目的是为企业谋发展。在海亮集团看来，幸福企业就是以人为本、充满微笑的企业，是和谐友爱、共同发展的企业。海亮集团把幸福企业建设融入切实保护员工权益和完善人才管理体系中，海亮集团员工得到的不仅是幸福所需的物质基础、人际情感，更有创造幸福的体验，同时促进了海亮集团自身的快速发展。

2019年《浙江日报》推出的《致敬幸福企业》报道中，对海亮集团"正道善行"的幸福企业文化进行详细介绍，对于海亮集团来说，要传承的是"正道善行"的海亮基因。在海亮集团，每位员工都将自身的快乐、幸福和人生价值追求安放于海亮集团，将个人的幸福和海亮集团的幸福紧密相连，成为了成就今天海亮集团的关键力量。

海亮集团在建设幸福企业的实践中先后荣获全国模范劳动关系和谐企业、全国模范职工之家、全国关爱农民工先进集体、中国优秀诚信企业、全国守合同重信用企业、全国模范劳动关系和谐企业、公众满意单位等荣誉，连续八年获全国"安康杯"竞赛优胜企业，为全国民企第一家。

海亮成就的取得依靠的是全体海亮人30多年来的同舟共济、风雨同舟；海亮集团依靠自身"正道善行"的企业文化，善待每一个海亮集团人，在激烈的竞争中脱颖而出。未来，海亮集团还将延续幸福之路，努力以海亮集团独有的方式为每一个海亮人创造幸福。

企业简介

海亮集团创建于 1989 年 8 月，集团管理总部位于杭州市滨江区，现有境内外上市公司 3 家，员工 20000 余名，总资产超 550 亿元，营销网络辐射全球。海亮集团坚持以人为本，维护员工权益，在公司内部营造廉洁、诚信的企业文化氛围，努力营造企业和员工"双赢"的和谐劳动关系，努力铸就受人尊敬的海亮品牌。

海亮集团目前的综合实力居中国企业 500 强第 133 位，中国民营企业 500 强第 16 位，海亮集团秉承"高效、卓越、服务、奉献"的企业精神，坚持人本管理，科学发展。海亮集团从一家作坊式的乡镇小厂发展到拥有 60 余家子公司的大型企业集团，"文化铸魂、文化强企"的发展轨迹得到了中国企业联合会、中国企业家协会的肯定。2019 年海亮集团完成对 KME 集团旗下铜合金棒和铜管业务的收购与交割，并入榜"世界企业 500 强"。

重视团队建设、正视人才价值、珍视员工奉献一直贯穿于海亮发展的每个阶段。近年来，海亮集团践行"既讲社会效益，更求社会功德"的发展理念，进一步明确"有所为，有所不为"的工作总基调，人才引得进、用得好、留得住的文化已经在海亮集团形成。每个海亮集团精英的成长轨迹都与海亮的蜕变历程紧密融合，他们在享受集团为其创造幸福的同时，也用匠心回馈着集团。

 建设幸福企业的指导思想

海亮集团建设幸福企业的指导思想在于"三个坚持"：坚持"以人为本"、坚持"诚信共赢"、坚持"兼顾效益与功德"。坚持"以人为本"旨在强调"人"的重要性，事事以人为中心，保障员工的权益；坚持"诚信共赢"，充分发挥制度的约束力、文化的熏陶力和监督的震慑力，目的在于营造风清气正的工作环境，助推企业持续健康发展；坚持"兼顾效益与功德"是为了承担社会责任，以己之力帮助他人，让更多的人幸福。

一、坚持"以人为本"

"员工开心了，企业才做得好事情。其实，对员工好是企业自身的需求，而不是员工的需求。"董事长冯亚丽很早就明白，对员工好是应该的。企业之强在于强人，海亮集团对"人"的重要性的思考在前期就已经觉醒，这也是海亮集团始终坚持"以人为本"的理念基础。海亮集团坚持"不问地缘、血缘、亲缘""有能力就上、没能力就下"的理念，尊重对企业有突出贡献的人员，让他们成为海亮集团最闪耀的明星。海亮集团在初创阶段，主要凭借的是创始人的能力以及其亲属的付出，但很快就摆脱了民营企业家族式依赖的路径，开始引入专业人才、启用职业管理人，踏上了人才强企的发展之路。

二、坚持"诚信共赢"

以真诚之心，行信义之事，谓之诚信。诚信是立身之本，每一位海亮集团员工都把诚信视为最重要的价值观。人之诚信，需要自律。企业之诚信，更需自律。海亮集团自创立至今，始终把诚信作为经营与发展的基本准则和根本保证。坚守诚信是海亮集团幸福文化的核心特点，廉洁正气、阳光坦诚是海亮集团人的工作作风。诚信贯穿于海亮集团的所有产业板块与日常生产经营，也体现在所有海亮人的言行举止之中。

三、坚持"兼顾效益与功德"

海亮集团一直把对社会贡献的最大化作为企业永恒的追求，秉持"事业即善业，善业即事业"的发展理念，一直以实际行动履行自己应尽的社会责任。砥砺前行30多年，海亮集团始终兼顾企业效益和社会功德，实现自身发展的同时也给社会做出了重要贡献。

海亮集团秉承"透明、博爱"的原则，以浙江海亮慈善基金会为主要平台，串联起海亮在教育、农业、健康等领域的优势资源，情怀桑梓，献己之力，把社会责任融入海亮集团日常经营和公益事业当中。

 建设幸福企业的具体举措

海亮集团坚持"以人为本"，坚持"诚信共赢"，坚持"兼顾效益与功德"的幸福建设理念，切实保护员工的权益，不断完善人才管理体系，营造多元的文化氛围，积极承担社会责任，推进幸福企业建设。

一、切实保护员工的权益

（一）建设员工疗养院

海亮集团投资 2000 万元兴建了员工疗养院，全方位保证员工的健康安全。此外，海亮集团通过健全劳动安全卫生制度，改善劳动环境等一系列政策和措施，努力为员工提供促进身心健康的工作环境，保证员工以健康的体魄和积极的心态投入工作。

与此同时，海亮集团建立全员健康档案，通过多种渠道在员工中普及健康知识，定期开展安全培训和应急演练，并提供高品质健康体检，所有在职、新进和退休员工每年至少可在疗养院享受一次免费的全面疗养体检服务，全力保障所有员工的身心健康。

（二）成立员工互助基金会

为了统一开展员工帮扶工作，切实帮助员工解决困难，海亮集团成立员工互助基金会，员工自愿认捐，企业兜底注资，每年集中开展 3 次以上困难员工救助和慰问，员工自愿认捐参与度高达 99.9%。截至 2019 年，海亮员工互助基金会支出困难救助总额为 600 余万元，累计救助 500 多名困难员工（家庭），与他们一起渡过难关，重塑生活的信心。

（三）设立服务员工的办公室

海亮集团在原有工会的基础上又设立了关工委办公室，继续组织做好服务职工的本职工作；设立"红绣球"奖关心员工婚姻，组织丰富多彩的企业文化活动，4 年一次的全员运动盛会已接力举办四届；多次斥资数千万元组织员工境外旅游，让员工共享海亮集团发展成果。

为了引导员工健康生活，满足广大员工的精神文化需求，丰富员工业余文化生活，海亮集团定期组织策划各类群团活动、开展各类拓展训练；定期组织先进党员、优秀员工外出旅游等。海亮集团还加强了图书馆、篮球场、游泳池、羽毛球场、乒乓球室、健身房等文娱设施的建设。

（四）建设海亮专属员工宿舍

为了员工全身心投入工作，海亮集团斥资 1.3 亿元建设海亮花园小区作为海亮员工的宿舍。园区内有 1000 多套员工公寓，住房面积 50000 多平方米。公司免费为员工公寓配置电视、空调和宽带、热水器等完备的生活设施，还包括文娱设施和生活配套设施等。

二、不断完善人才培养体系

（一）倡导公平公正的选拔机制

海亮集团唯才不唯亲，举贤不避亲，遵循"能者上，庸者下，平者让"的用人理念，努力打造公平的竞争机制、搭建完善的人才培养体系。海亮集团十分注重年轻人的成长，集团 9 位董事局成员中，"80 后""90 后"占了1/3。海亮集团在员工招募中杜绝因种族、肤色、性别或年龄等因素产生的歧视行为，杜绝雇用童工及各种形式的强制劳动，为人才提供公平公正的晋升机会，以活力、多元、可持续的员工队伍，为企业持续领跑提供有力支撑。不仅如此，海亮集团还坚持"贡献决定收入，差距反映优劣，平均就是不公"的理念，推动激励形式的多元化和创新化等，吸引、凝聚、激励了一大批优秀人才共建海亮事业、共谋海亮发展。

（二）加强人才团队建设

站在新征途的起点，海亮集团越发"求才若渴"。2019 年，海亮集团启动"星青年"人才战略，其中以 5 名青年管理天才为首的百万年薪人才引进项目引起全社会的广泛关注。海亮集团举行了集团首届人才大会，制定了人才团队建设三部曲：内部培养、外部引进、新老融合，并计划在全国范围引进优秀青年人才。

海亮集团还致力于创建学习型组织。未来，海亮集团将借助崭新的平台，用以培养海亮人才。这一平台就是"明德院"，它是海亮集团的商学院，通过在明德院的学习，让员工更认同海亮的文化，凝聚力更强、忠诚度更高。海亮集团把培训作为提升员工能力的主要途径，每年都会制定员工培训和职业发展规划，形成市场化、专业化的职业发展路径，不断提高员工的职业素养，在实现员工个人成长的同时，增强企业人才竞争力。

（三）建设科学的考核体系

在绩效考核体系方面，海亮集团大胆借鉴先进企业、兄弟单位的经验，积极探索多种形式的分配方式，稳步推进股权、期权、跟投、年金等报酬、福利制度的改革。海亮集团构建公正而完善的绩效管理体系，保证组织战略目标的实现，促进组织和个人绩效提升，同时，让员工享有公平公正的回报。

海亮集团根据不同领域制定组织考核方案，进一步建立企业战略与各产业板块绩效的紧密联系，保障企业战略落地。个人绩效考核维度多元化，既关注目标的完成，也注重过程的管理和员工能力的提升。在制度设计上，不断拉大高低绩效者收入的差异，形成具有良好激励效益的收入分配制度。

（四）健全薪酬福利制度

海亮集团坚持"力出一孔，利出一孔"，健全薪酬福利制度，提供业内富有竞争力的薪酬，以吸纳和保留优秀人才。海亮集团按照国家法律规定和标准为员工提供福利保障，以及多种额外福利和援助，让员工享有体面的工作和高质量的生活。除了与同行业比较员工的工作岗位、能力、业绩、薪酬外，海亮集团鼓励员工激发工作热情，超越同行业平均业绩，员工会获得相应的薪酬奖励，据统计，员工人均收入年增长多年维持在10%以上。

三、营造开放、包容的幸福文化

（一）建设诚信从业诚信经营环境

"诚信"是海亮集团的根植文化，融入了海亮人的骨血。海亮集团在浙江民营企业中首推《失信赔偿制度》，在企业内外积极构建诚信体系，把诚信纳入企业管理制度，与员工逐一签订诚信协议，建立员工诚信守则和职业信誉档案，开设诚信曝光台，倡导建立企业诚信生态圈，助推社会诚信大环境建设，公开向社会承诺"失信赔偿"，成为典范。

从创立伊始，海亮集团便不断强化企业的规则意识，严格遵守商业道德和社会公德，全方位提升诚信经营水平，营造诚信的企业文化与氛围，让员工充分认识到失信行为将给自己和公司带来巨大损失，并且接受比其他任何企业都要严厉的处罚，最终营造全民守信的信用环境。

（二）加强企业民主管理制度建设

海亮集团注重发挥员工民主管理、民主参与、民主监督的作用，建立了工会组织，以及以职工代表大会为基本形式的企业民主管理制度和公司事务公开制度，企业民主管理水平得到了进一步提升。海亮集团为员工提供上下通畅的沟通渠道，在员工与管理层之间架起透明、畅顺、高效的沟通桥梁，充分保障员工的合法权益。为帮助管理层更完整、更清晰地倾听员工的真实声音，海亮集团鼓励所有特别是一线员工可自愿就公司和业务发展方面提交自己的真实想法和建议。

（三）将员工视为最宝贵的财富

海亮集团以"海纳百川"的心态用人所长，允许员工有个性、有缺陷，营造了重才、惜才、用才的良好氛围。强大的人才基础铸就了海亮事业的九层之塔，人才的引得进、留得住，很大部分得益于海亮集团开放包容的胸怀。

海亮集团将员工视为最宝贵的财富，用多元的企业文化把五湖四海的人凝聚在一起，形成集团发展的合力，为企业的持续发展提供了不竭动力。在教育领域，海亮集团更是主动走向国际化，着力培养具有中国素养，接轨国际理念，遵守国际规则，拥有国际视野的国际公民。

（四）积极营造幸福"家文化"

许许多多的海亮人，30年来与海亮同舟共济、风雨同行，成就了海亮，也成就了自己。海亮集团在背后为员工提供的各种福利措施和帮扶机制：把员工视为家人，让他们体面工作，公司注重从点滴细微处关爱、关心员工，营造幸福的家文化。海亮是全国首批模范劳动关系和谐企业、全国模范职工之家。在日常工作中，公司建立了职工生育、结婚、亡故、患病、困难"五必访"制度。温暖也是一种力量，海亮集团的这份温暖融合了来自四面八方的海亮人，让他们为着同一个目标奋勇前行。

四、积极承担社会责任

（一）努力回馈员工和社会

为让孤寡老人老有所养，海亮集团出资 2500 多万元建造了"五星级"的海亮幸福院，让老人免费入住，所有费用由海亮集团承担。每逢新春佳节海亮集团都会向困难群众送上温暖和祝福，并为他们送去总价值近百万元的慰问金和明康汇年货礼包等慰问品。海亮集团的新春慰问活动已经持续 24 年，不仅给困难家庭带来了物质上的帮助，更给予了他们精神上的慰藉和鼓励，使他们感受到社会大家庭的温暖。

近 10 年，海亮累计纳税 172 亿元，不仅是企业总部所在地浙江的纳税大户，在各投资区域的纳税排行榜上也名列前茅。今天的海亮，全球员工总数累计达 2 万余人，成为了解决当地社会就业的重要支柱力量。

（二）始终坚持绿色发展

坚持绿色、低碳、环保，保护地球生态环境、建设美好生活家园已经成为全人类的共识，也成为了企业可持续发展重要路径。海亮集团大力支持并坚定"绿色经济、低碳经济、循环经济"的发展理念，并将其架构于集团"一体两翼"的产业战略之上。30 多年来，海亮集团以产业升级、设备改造、技术革新为实现手段，树立起引领行业迈向绿色制造的标杆；以制度建设和管理手段为保障，让低碳环保成为每个员工日常工作的目标和习惯；以打造绿色卓越企业为愿景和使命，矢志不渝地推动社会、环境、经济和谐共存与良性发展。

（三）积极投身慈善事业

一直以来，海亮集团秉持"既讲企业效益，更求社会功德"的发展理念，把社会责任视为企业可持续发展的基础和必须履行的义务，持续深耕慈善公益事业。到目前为止，海亮集团已向社会累计捐赠高达 16.2 亿元。

2020 年 1 月 31 日，海亮集团为抗击疫情共捐赠 2000 万元，其中 1000 万元现金通过浙江海亮慈善基金会捐赠给浙江省慈善联合总会，用于支持全国新型冠状病毒感染肺炎的医疗救治及防控工作，另外 1000 万元在浙江海亮慈善基金会设立专项基金。同时，海亮集团、集团党委和海亮慈善基金会向全体海亮人发出倡议书，积极为抗击新型冠状病毒疫情工作开展捐赠，募集的善款将全部用于采购防疫抗疫急需物资、慰问一线医护人员和志愿者、救助疫情中出现的困难家庭、疫情防控公共卫生所需等。

同时，为保障市民菜篮子充盈，让市民吃上放心菜、安全菜，G20峰会食品供应商——海亮集团旗下生鲜品牌明康汇也一直在行动。截至目前，明康汇已向杭州市场大型商超配送近百吨新鲜蔬果及肉禽蛋。此外，海亮在扶贫帮困、大病救助、赡养孤寡等帮扶慈善方面的脚步也从未停歇，持续拓宽慈善辐射面，做到经济效益与社会效益、自身发展和社会发展相协调，彰显了企业的功德之心和责任担当。

 经验借鉴

海亮集团在建设幸福企业过程中，始终把工作重心放在员工身上，坚持以人为本，真心实意地为员工着想，对员工诚信，遵守承诺，也因此得到员工的追随。当前，越来越多的中国企业开始认可，幸福的企业不仅应该关注员工的身心健康与幸福，同时也应该做好员工的职业发展规划，完善企业的人才管理体系。企业人力资源开发归根到底要做好人本身的工作，让每个员工感受到幸福至关重要。

一、树立以人为本的经营理念

在人力资源的管理体系中，坚持以人为本的原则，有助于提高员工对企业的认同感。视员工为企业最重要的资本，在人才战略上敢为人先，着力打造人才高地，构建企业—员工共同体和现代企业治理架构。管理者应该对"人员"的管理给予足够的重视，落实人本管理中以人为本的经营理念，发挥人本管理作用，提升现代企业管理质量及效率。

在日常工作开展过程中，企业要及时掌握和解决员工遇到的各种困难，对需要帮助的员工给予意见和支持。在快节奏和高压力的社会生活中，员工的内心往往承受着巨大的压力，这会影响员工的正常工作，企业应及时沟通了解员工的期望和诉求，通过资源的合理配置与利用来满足员工个性化的需求，强化员工对工作的认同感和幸福感。

海亮集团管理创新始终聚焦"人"的要素之上，认为"企业最重要的上帝是员工"。海亮集团认为员工的快乐情绪是一种隐形的内在驱动力，会推动海亮集团的高速发展。一直以来，海亮集团事事都以员工为考量，也因此吸引了大量的优秀人才走进海亮、发展海亮。

二、把诚信作为企业的核心价值观

"诚信者，天下之结也"。诚信是立身之本，也是企业稳固发展的根基，是员工幸福的重要来源。在市场竞争日趋激烈的社会环境下，企业只有稳扎根基、浇铸品牌，才能在行业竞争中脱颖而出。在企业中，诚信领导对员工幸福感有直接的正向影响作用（曾丽碧，2013），即诚信领导水平越高，员工的幸福感越高。领导者的诚信行为越多，员工对组织会产生更高的认同感，从而增加员工在该组织中的工作幸福感。

无论是员工个人的成长，还是企业的长远发展，诚信始终是成功和幸福的根本与未来。企业的诚信建设，在根本上决定于员工个体的诚信，建设一流的队伍是推动企业诚信体系建设的保证。诚信是通过精神层面的感召，使企业内部真诚相待，从而充分调动广大员工的积极性、主动性、创造性，高度认同和支持企业的经营政策和方针，使企业得到进一步的发展，员工之间也会更加诚实、信任、宽容，从而产生主观幸福感。

海亮集团在民营企业中首推守信制度，将守信进行制度化管理，足以看出海亮集团把诚信放在了企业发展的首要位置。海亮集团对员工诚信，能够兑现对员工的承诺，反之，员工也会给予海亮集团以诚信和忠诚。

三、完善人才管理体系

人才是企业发展的核心要素。完善的人才管理体系能够激发员工的工作热情，提高员工的工作积极性和满意度，推动企业的可持续发展，实现员工和企业的共同进步。企业若要提升员工的幸福感，必然要健全管理体制，从晋升、培训、考核到薪酬的分配处处体现公平，激发员工的工作积极性，提升员工的工作满意度。

根据斯塔西·亚当斯所提出的公平理论，公平感会激励员工继续努力工作，回报企业；不公平感则会使员工产生负面情绪，工作满意度降低，甚至产生离职倾向，又何谈幸福？

海亮集团持续完善人才管理体系，从不同方面加强对企业人才的管理。从倡导公平公正的选拔机制、对人才团队的管理、科学的考核体系，到日趋完善的薪酬制度都体现了海亮集团对人才管理的重视。员工感受到公平，同时这种公平感也会成为激励员工努力、促进企业发展的驱动力量。

本篇启发思考题

1. 海亮集团是如何建设幸福企业的？
2. 海亮集团的幸福文化有哪些？
3. 海亮集团建设幸福企业的举措给我们哪些启示？

资料来源

海亮集团有限公司官网，http：//www. hailiang. com/。

参考文献

［1］同高. 用"幸福文化"打造百年企业——中企联授予海亮集团"全国企业文化示范基地"称号［J］. 中外企业文化，2012（1）：44-45.

［2］张晓瑜. 内部审计护航海亮集团快速成长——访十八大代表、全国十大优秀民营女企业家、海亮集团董事长冯亚丽［J］. 中国内部审计，2014（5）：4-7.

［3］湖北省企业文化促进会. 幸福是企业文化的最高境界［C］. 企业文化创新与落地——"十二五"湖北企业文化系列成果集，2015：635-638.

［4］陈春晓，张剑，张莹，田慧荣. 员工工作动机和工作投入与心理幸福感的关系［J］. 中国心理卫生杂志，2020，34（1）：51-55.

［5］曲庆，富萍萍. 苏州固锝：幸福企业建设的中国范本［J］. 清华管理评论，2019（6）：108-114.

［6］任春强. 道德与幸福同一性的儒道佛形态［J］. 江海学刊，2018（6）：31-37+254.

［7］曾丽碧. 诚信领导与员工工作幸福感关系的实证研究［D］. 暨南大学，2013.

第四篇

正泰集团：重视引进和培育各类优秀人才

董 蕊 芦 婷 胡桥龙*

我们必须重视人的工作，重视引进和培育各类优秀人才，尊重他们，善待他们，给他们提供大显身手的舞台，并将之视为企业最宝贵的财富。

——南存辉
正泰集团董事长

📋 案例导读

图片来源：正泰集团官网。

正泰集团自创办以来，一直秉承以人为本、善待员工，发挥人的能动性的管理理念，不断创新发展，已发展成为全球工业电气与新能源领军企业，位列中国民营企业百强。同

* 作者简介：董蕊（1984-），女，汉族，河北秦皇岛，浙江财经大学工商管理学院，副教授、博士。研究方向：人力资源管理、社会心理学。Email：dongrui-999@163.com。芦婷（1994-），女，汉族，河南信阳，浙江财经大学企业管理硕士。研究方向：人力资源管理。E-mail：luting15173252623@163.com。胡桥龙（1996-），男，汉族，浙江温州，浙江财经大学企业管理硕士。研究方向：人力资源管理。Email：Huqiaolong@zufe.edu.cn。

时，正泰集团致力于建立社会主义新型劳动关系，将人作为企业发展的宝贵财富，注重员工权益保障，努力为员工创造良好的职业发展环境，促进员工的价值实现和全面发展，构建了员工与企业共享发展成果的和谐画面。

本案例分析提炼了正泰集团建设幸福企业的指导思想和整体思路，阐述了正泰集团秉承以人为本的指导思想，围绕"和谐"和"学习"两个核心概念，真正做到了把员工当亲人，在行动上知员工情，解员工难，暖员工心。让员工在正泰工作和生活感到幸福快乐。案例分析认为，正泰集团在建设和谐劳动关系、重视员工学习、关注员工心理健康和承担企业社会责任方面做出了许多努力，成为员工心目中的幸福企业。

关键词：以人为本；学习力；员工成长；心理健康

 ## 前言

在正泰集团看来，企业有"两个上帝"：一个"上帝"是客户，另一个"上帝"是员工。对员工的情感关怀是人文正泰的缩影。正泰集团每位员工过生日，都能收到公司的生日祝福；员工回家过春节，公司都会为他们购买车票；每逢重要节日，员工都会收到公司赠给的礼品；员工家庭生活遇到特殊困难，公司和工会领导都会前去看望，并送上"正泰集团员工爱心互助基金"的救助。正泰集团员工常常开玩笑说："正泰把我当'上帝'，我为正泰做'牛马'。"

正泰集团积极采用"人性化"的管理方式，为员工营造了宽松的工作环境，创造了优越的生活条件，公司上下有着平等的工作氛围与和谐的企业文化氛围。在这里，员工的人格得到了充分的尊重，各类人才也以饱满的热情投入工作当中，并充分发挥了其主观能动性，在为企业做出贡献的同时也实现了其个人的人生价值。因此，正泰集团培养和造就了一批成就显著的"正泰人"，这些"正泰人"也为企业创造了大量的无形财富。

正泰集团给予员工足够的精神食粮，给他们明确方向：公司准备往哪方面发展，员工该往哪方面努力；告诉员工什么样的企业才是幸福企业，什么样的员工才会爱岗敬业，幸福不仅仅是员工的事，更是企业的事。"员工为幸福而工作""企业为满足员工和社会的幸福而存在""幸福力才是企业终极核心竞争力"，幸福的观念不仅仅击中了企业高管的神经，也在广大员工中产生了共鸣。

正泰电器人力资源部人才引进主管郑旭威曾在《提升自我，筑梦正泰》一文中写道："我们的办公室每天都充满欢声笑语，如果什么时候我们办公室人少了，留下的人会明显地感觉到冷清了许多。"装配工杨树兴在正泰集团的工作和生活中得到了很多同事和公司各级领导的关心、帮助与照顾。他曾经有这样的人生感悟："一个人只有经历过困难的时光，再去过好的生活，才会感觉到生活的甜美，才会倍加珍惜自己所拥有的一切，才会觉得无比幸福！今天，生活在正泰，幸福！"像杨树兴这样在公司融洽的环境中快乐工作的正泰人还有很多。那么，正泰集团是如何实现使员工幸福工作、幸福生活的呢？

 ## 企业简介

正泰集团始创于 1984 年 7 月，最初为乐清县求精开关厂，其总部地处风景秀丽的雁荡山南麓——温州柳市工业区。经过 30 多年的发展，正泰集团已发展成为全球工业电气与新能源领军企业。目前，正泰集团拥有欧洲、北美、亚太三个研发中心，在欧洲、中东非、亚非拉、亚太、中国区、南美建立了六大国际区域营销中心。国内产业制造基地主要分布在温州、杭州、上海、嘉兴、咸阳，并在泰国、新加坡、越南、马来西亚、埃及等"一带一路"沿线国家设有区域工厂；全球员工超 30000 名，业务遍及 140 多个国家和地区，年营业额突破 700 亿元，综合经济实力名列 2019 年中国民营企业 500 强第 46 位。

正泰集团先后荣获"中国工业大奖""全国质量管理奖""中国优秀民营科技企业""中国机械工业最具核心竞争力十强企业""中国民营企业自主创新十大领军企业""全国重合同守信用企业""全国就业和社会保障先进民营企业""中华慈善奖"等奖项和荣誉称号。创造正泰集团辉煌业绩的带头人董事长南存辉，先后荣获"中国十大杰出青年""2000 年世界青年企业家杰出成就奖""浙江省劳动模范""温州民营经济的优秀代表"等称号和奖项，并被推选为全国工商联常委、中国电器工业协会副理事长、中国质量协会副会长、浙江省工商联副会长，多届当选为全国人大代表。

 ## 建设幸福企业的指导思想

正泰集团多年来不断地探索和实践，逐步形成了极具正泰特色的文化体系，如关爱员工的人本文化、永无止境的学习文化、乐善好施的感恩文化等。正泰集团在加强企业文化建设过程中，制定了十六字方针："以人为本，文明塑魂，内强素质，外树形象。"

正如南存辉所言，"我们必须重视人的工作，重视引进和培育各类优秀人才，尊重他们，善待他们，给他们提供大显身手的舞台，并将之视为企业最宝贵的财富。"所以对于正泰集团而言，绘制幸福画卷的一个重要方面是时刻关注人文关怀，其指导思想是以人为本。以人为本，是将人放在第一位的，承认人的价值，尊重人的主体性，关心人的多方面、多层次的需要，促进人的自由全面发展；以人为本，是秉承善待员工，发挥人的能动性的管理理念，将人看作企业发展的宝贵财富，促进员工的价值实现和全面发展。

 建设幸福企业的整体思路

正泰集团的幸福企业建设思路是注重员工权益保障，为员工谋求发展，为社会承担责任，努力为员工创造良好职业发展环境，绘制员工与企业共享发展成果的和谐画面。因此，正泰集团的企业文化具有鲜明的"和谐"和"学习"特征。在追求企业效益和发展的同时，正泰集团也不忘员工的心理健康和企业的社会责任。因此，正泰集团将建设幸福企业的整体思路，落实在了和谐、学习、心理和社会责任四个方面。

 建设幸福企业的具体举措

一、关爱员工，营造和谐劳动关系

和谐劳动关系，既是实现企业和员工共赢的必然选择，也是增强企业核心竞争力与构建和谐社会的重要基础。构建和谐劳动关系是一个系统工程，长期工程。为努力营造更加安定、温暖、体面、幸福、和谐的劳动关系，促进企业实现健康、稳定、可持续发展，正泰集团在如下方面做出了努力。

（一）保障员工合法权益

正泰集团全面推行劳动合同制度，切实维护劳动者的劳动就业、收入分配、社会保障、劳动安全卫生等权益。成立了专门的和谐劳动关系协调与争议处理机构。通过贯彻实施相关法律法规，把关心员工生活、维护员工的合法权益作为促进企业健康发展的一项重要工作。

正泰集团不断完善维权机制，把员工维权纳入规范化、制度化、法制化轨道，引导员工以理性合法的方式表达利益诉求，使得员工可以依法维权、民主维权、科学维权。如此一来，员工的权益得到了有效保障，其合理诉求可以得到有效回应，企业和员工双方关系更加和谐，员工也会更加积极努力地工作。

（二）切实解决员工困难

正泰集团每年都会组织开展一次员工生存状态大调研，通过问卷调查、座谈访谈等方式，全面了解员工的思想动态，并梳理出 10 个员工认为最紧迫、企业有条件解决的企业"民生问题"，提交公司高层和各相关部门予以办理或解决。

此外，正泰集团工会成立了以扶危救急、解难济困、互助合作为宗旨的"正泰员工爱心互助基金会"和"正泰员工关爱委员会"，切实帮助员工解决生活中遇到的实际困难。正泰集团对员工的关爱不是一事一时的，而是建立在规章制度上的、持之以恒的实际行动。正是因为这种持续的、实实在在的对员工的关爱使得员工为自己能成为正泰集团的一员而感到自豪与光荣。正泰集团对员工关爱的事迹不胜枚举。2019 年 9 月，正泰集团员工李一锋和刘聪先后被诊断为肝癌和白血病，正泰集团工会通过各种募捐途径，为两名员工筹得爱心善款 18 万余元。

（三）持续改进特殊岗位工作环境

在正泰集团，大多数员工的工作环境良好，但也有少数特殊岗位员工的工作环境相对艰苦。正泰集团领导高度重视特殊岗位的工作环境，深入车间一线慰问员工、倾听员工心声，督促相关负责人不断改善工作环境。2013 年冬季，浙江正泰新能源甘肃高台电站生活用水管道断裂，电站十几天处于生活用水中断的状态，原施工单位在外地包工程，暂时无人前来处理。电站运维值班长张世英直接给时任正泰新能源的常务副总经理周承军打电话汇报情况。不到 1 个小时，公司就安排行政人员联系相关方进行处理，第二天就解了电站的燃眉之急。

（四）不断改善员工伙食条件和居住环境

民以食为天，正泰集团高度重视员工日常伙食情况，成立后勤监督委员会，不断改善员工的伙食条件。正泰集团为员工提供的所有宿舍都装有包括空调电视、衣柜、书桌、热水器和洗手间等配套设施。为进一步改善员工住宿条件，让员工住得舒心，集团下属分公司——正泰电工还在原有的居住环境里增设了宽带、洗衣机等，并为有需要的员工设立了公共厨房，为有条件的宿舍楼建立了娱乐室，配置了乒乓球桌，为员工营造了浓郁的温馨家园氛围。

（五）关爱外来员工的家属和子女

外来子女入学难的问题一直困扰着很多员工。为了帮助员工分忧解难，正泰集团工会通过多种方式与公司周边学校开展校企合作，如设立正泰"职工之家"，设立亲子阅览室、电脑室、活动大厅等。同时，正泰集团通过每年暑期开办职工子女夏令营，解决员工后顾之忧。近几年来，正泰集团邀请优秀员工父母到温州参观企业，让他们了解子女所在企业的环境，心里更放心；还派出党、工、团、妇组成的爱心小组远赴皖、鄂、赣等地走访，为员工家属送上公司的关爱，以及看望、慰问困难员工等。

正泰集团设身处地为员工着想，千方百计地解决员工后顾之忧，关爱员工的各种举动践行了正泰集团"把员工当亲人"的理念，体现了正泰集团对员工的人文关怀。没有员工的发展就没有企业的发展。正泰集团努力做到"尊重员工、相信员工、引导员工、发展员工、成就员工"，让企业成为成就员工发展的平台，实现员工自由而全面的发展。这不仅提升了员工自身的幸福感、对公司的认同感和归属感，还有力地增强了员工的凝聚力，促进了正泰集团持续健康的发展。

二、重视学习，造就员工幸福未来

彼得·圣吉在《第五项修炼》中指出，团体的集体智慧高于个人智慧，团体拥有整体搭配的行动能力。当团体真正在学习的时候，不仅团体整体会产生出色的成果，个别成员的成长速度也比采用其他学习方式的成长速度更快。因此，要使企业茁壮成长，必须将企业变成一种学习型的组织，并使得组织内的人员全身心投入学习。有的企业只关注做事，有的企业在做事的同时重视育人。很显然，正泰集团属于后者。相比于人才聘用，正泰集团更注重人才培养，在这里的每个人都能人尽其才、才尽其用。正泰集团的健康发展与"正泰人"一贯重视学习培训、提升员工素质密不可分。

（一）科学完善的人才培养体系

正泰集团始终坚持"知识推动企业进步，学习造就员工未来"的理念，以培养管理、销售、技术等六支专业队伍为目标，形成完善的三级培训管理体系。

一是针对新引进的应届大学毕业生，打造"岗位实践+技能培养"的"雏鹰训练营"，确保新录用大学生实现人—岗位—组织匹配，定制化培养各类人才。

二是根据各层级管理干部任职资格要求与储备人员的综合考评结果，建立各层级管理干部与储备人员"领导力+专业技能"培养课程体系，通过开展"飞鹰训练营""蓝鹰训练营"和"精鹰训练营"培养体系实施培训，提升员工的核心素质与能力，并通过采取岗位实践、工作授权、岗位轮换等方式进行实践培养，结合人才培养责任制，有力推动管理干部梯队建设。

三是从各专业体系的核心业务出发，建立营销学院、技术质量学院、工业工程学院和管理学院，打造专业化知识培养课程体系，夯实员工专业基础，提升员工专业技术实力，激发员工创新能力，增强员工竞争力的同时为企业的发展提供强有力的人才保障。

（二）打造全方位的学习平台

正泰集团为成为学习型组织，充分利用企业内外的各种资源，拓宽员工的学习途径，为员工学习成长打造了集各种学习形式为一身的全方位学习平台。具体措施包括：

正泰集团组建了一支230人的实践型、技能型的高水平内部培训讲师队伍，自主开发了数百门课程，充分挖掘了公司内部潜力，实现了知识的传承。同时，公司开通了正泰网络学院、正泰微学习等互联网学习平台，上线了共计700余门课程，员工可根据职业发展路径选择适合自己的课程。另外，公司还聘请了内外部专家采取理论讲解、现场观摩、实践操作三者相结合的方式，通过面授、情景模拟、案例研讨、现场指导、拓展训练、网络在线学院、委托专业机构培训及委托高等院校培养等方式开展多样化的培训。

（三）举办形式丰富的文体活动

正泰集团还积极创新学习载体，通过组织各种文体活动和技能比武等，寓教于乐，开展丰富多彩的员工第二课堂教育，促进员工全面发展。例如，通过开展岗位练兵、技术比武、技术革新、技术改造、产品开发、合理化建议等学习实践活动，鼓励职工在干中学、在学中干，做新型劳动者和建设者；通过创建读书俱乐部，打造正泰集团特色的"学习型社团"，并以图书漂流的形式引导广大青年分享自己的藏书、分享自己的读书心得和经验，通过分享、交流、学习"交好友，读好书"，进一步推进全员读书，建设书香正泰；通过举办各类才艺培训班、舞会和职工运动会等丰富职工生活；结合企业实际，通过学术论坛，经验交流等，提高团队学习力。此外，正泰集团从 2007 年起，组织发起"正泰杯"全国电气工程师论文大赛等各类比赛，为企业职工搭建创新交流与互动的平台。

正泰集团在不断优化学习培训平台的同时，不但提高了员工的学习力，也为普通员工构筑了职业发展的实现通道，一方面，员工通过持续的学习，个人能力得到全面的发展；另一方面，通过不断学习，员工的职业晋升得以实现。被评为正泰创业三十周年"创业人物"的陈玉，以"学而不思则罔，思而不学则殆"的精神时刻鞭策自己，历任正泰建筑电器分公司经理、正泰建筑电器常务副总经理等职务，现任浙江正泰电器股份有限公司总裁助理，兼生产采购部总经理、浙江正泰建筑电器有限公司总经理，他的职业发展过程，就得益于不断的学习。1966 年陈玉进入正泰建筑电器，开启了在正泰的"学习"生涯。这此后的近 18 年间，从技术人员到副经理再到公司总经理，陈玉与建筑电器一起经历着各个时期的蜕变与成长。从迷茫到清晰，从困惑到明朗，陈玉经历了较长时期的探索，他说："这些都得益于学习。通过学习，我深刻体会到作为一个管理者来说，如何务实地为团队做一些事情。我不能把感恩员工只挂在嘴上而没有实际行动，我希望能真实地让员工成长，让他们能够感到幸福——学习就是让大家成长并获得更加快乐人生的途径之一。"

三、关注心理，增强员工主观幸福

（一）引进"员工心理健康援助"计划

从 2007 年开始，正泰集团工会主动引进"员工心理健康援助"计划（又称员工帮助计划，Employee Assistance Program，EAP）。EAP 是企业组织为员工提供的系统的、长期的援助与福利项目。专业人员对员工提供专业的心理指导和咨询，帮助员工及其家庭成员解决心理和行为问题，提高其工作绩效。经过多年的探索，正泰集团的心理援助计划已经将功能扩充到坐诊、热线预约、培训进基层、团队辅导、危机干预等多个方面。

为了更好地为员工做好心理疏导，自 2011 年 4 月开始，正泰集团工会专门开设了正泰心理咨询师培训班，旨在打造一支正泰内部的兼职心理咨询师队伍。除了个人的心理辅助，正泰的 EAP 计划还将功能延伸到团队的辅导，锻炼和提高班组长的心理疏导能力，将心理疏导工作下移至离员工最近的班组长。

2014 年 7 月，正泰集团成立了正泰 EAP 阳光服务队，其主要工作是：①参与正泰一线新员工入司 EAP 健康评估项目面谈工作；②成立情感交流站，开展 EAP 咨询；③开展团体心理辅导活动；④创办员工关系管理杂志；⑤EAP 阳光服务队成员打造的讲师团；⑥建设正泰幸福心理工坊；⑦开设心理志愿者协会。迄今为止，正泰 EAP 阳光服务队有取得国家资格认证的 7 名国家心理咨询师及对 EAP 感兴趣并从事员工关系管理方面工作的 5 名员工，共 12 名成员。

（二）开展丰富多彩的心理健康活动

为进一步加强正泰员工对心理健康知识的了解，持续提高员工心理健康水平，增强员工的幸福感和归属感，正泰集团每年都会举行很多心理健康方面的活动，如 2016 年正泰集团推出了首个心理类广播栏目《心灵咖啡》，以科普心理知识为主线，不定期邀请嘉宾做客"心灵咖啡"，分享工作、生活中的心理学，互动探讨正能量的话题，引导广大正泰集团员工以更健康的心理状态积极投入工作生活当中。2017 年 5 月，正泰集团团委、正泰·幸福心理志愿者协会共同组织了"我爱我，让心灵洒满阳光"为主题的心理知识竞赛。

2017 年 11 月，正泰集团团委、正泰电器人力资源部、正泰·幸福心理志愿者协会及幸福心理工坊共同举办了 2017 年"正能量·泰幸福"心理剧比赛，以全新的组织和呈现形式，为广大青年员工提供了一个表演解读自己、解读生活、促进心理健康的平台。各种情景化的表演帮助员工了解必要的心理调适方法，在演绎中历练自己，培养健康的心理，形成健康的心理观。

一直以来，正泰集团始终坚持"以人为本，价值分享"的理念，将员工视为企业发展最宝贵的财富，通过各种渠道和方式引进专业人员对员工开展培训辅导、心理测评、实操督导等工作，帮助员工解决各种身心健康问题，提升全体员工的心理健康水平和幸福感。

四、以身作则，积极承担企业社会责任

（一）做负责任的企业"公民"

正泰集团在促进企业依法经营、科学发展、持续成长的同时，十分注重与社会的沟通和协作，主动承担企业"公民"责任，着力塑造企业精神风貌，积极回报社会，这既符合正泰集团基本的价值取向和发展诉求，也是推进和谐社会建设的重要内容。创立 30 多年来，在企业实现健康可持续发展的同时，正泰集团始终秉承"为顾客创造价值，为员工谋求发展，为社会承担责任"的经营理念，坚持"感恩之心，回报于行"的公益理念，积极履行社会责任，以反哺社会为己任，积极参与扶贫济困、捐资助学、抗震救灾、生态环保、慈善捐助、光彩事业等公益慈善事业。至今，正泰已为公益事业捐资累计超过 3 亿元，先后荣获全国抗震救灾先进集体、"中华慈善奖"、"全国就业和社会保障先进民营企业"以及"浙江慈善奖"等称号和奖项。

（二）为员工树立承担社会责任的榜样

工作在富有企业社会责任的公司，正泰集团员工也受到鼓舞，乐于参与公益事业。在正泰集团发起的多次公益活动中，如"情系南方灾区，真情点燃希望"捐物活动、无偿献血活动等，正泰员工都会积极参与其中，有钱出钱，有力出力。这期间，也涌现出很多的感人事迹和典型代表，如正泰燃气表公司杭州研发中心的段锦在 2018 年 11 月为北京的一名患者进行了造血干细胞捐献，引起了全公司员工的强烈反响。因车祸重伤，陷入巨额手术费困

境，得到公司全体员工救助的江西籍员工刘文林在痊愈后，曾给全体职工写了一封热情洋溢的感谢信，感谢公司和工友们倾力相助。在信中，他曾这样说道："从这件事上，我深深感受到正泰大家庭的温暖，感受到了一名外来员工在这个大家庭中的分量，从而感受到了企业以人为本的力量，我们一定忠于正泰、扎根正泰，为正泰的发展效力。"

正泰集团对处于危难时期的员工一次次切实的帮助，使正泰集团员工感受到在正泰集团工作是一种幸福，并对公司身怀感恩之情；正是正泰集团以身作则，为员工树立了承担社会责任的榜样，使正泰集团员工具有强烈的社会服务意识和奉献精神。赠人玫瑰，手有余香。在奉献的同时，正泰集团员工也体会着奉献的幸福。

 经验借鉴

自 1984 年创始以来，正泰集团在国家宏观政策的指引下、在国家有关部门以及浙江省委、省政府的大力支持下，将经济、社会、生态的和谐发展与企业的前途命运紧密相连，秉承"以人为本"的管理理念，探索出了一条幸福管理之路，做出了企业幸福管理的"正泰样本"。经过总结和提炼，正泰集团幸福管理的主要经验有如下几条：

一、完善企业制度文化，增强员工幸福保障

正泰集团将人作为企业发展的宝贵财富，通过健全规章制度，不断规范企业自身行为，注重员工权益保障，有效维护员工的合法权益，努力为员工创造良好职业发展环境，促进员工的价值实现和全面发展。同时，正泰集团在关爱员工上全力以赴，对员工的关爱不是一事一时的，而是建立在规章制度上的、持之以恒的实际行动。因此，正泰集团营造了和谐的劳资关系，增强了员工的幸福感和归属感，构建了员工与企业共享发展成果的和谐画面。

二、在员工培养上肯下功夫，鼓励员工幸福成长

正泰集团坚持"知识推动企业进步，学习造就员工未来"的理念，以培养管理、销售、技术等六支专业队伍为目标，形成完善的三级培训管理体系，

在很大程度上为企业员工的职业发展以及个人成长铺平道路，使得员工在企业中能不断体会成长的快乐。

三、重视人文关怀，关怀员工心理健康

正泰集团重视员工的心理诉求，对员工的心理问题通过心理咨询等方式进行及时疏导，减轻员工的心理和工作压力。同时，正泰通过举办丰富多彩的人文活动，丰富员工的精神生活，普及心理健康知识，提升员工幸福指数。

四、以身作则，主动承担社会责任

正泰集团在发展自身的同时，主动履行社会责任，在同行中起到了回馈社会的表率作用。正泰集团通过以真情感动人，以道德教化人的方式，增强员工的感恩意识与社会责任感，使员工做到以感恩的心做人，以责任心做事。懂得感恩，是员工收获幸福的源泉，乐于奉献，是员工收获幸福的动力。

 本篇启发思考题

1. 以人为本的内涵是什么？
2. 正泰集团是如何在管理中实践以人为本的管理思想的？
3. 正泰集团的管理是否符合马斯洛的层次需求理论？
4. "员工心理健康援助"计划的含义及形式？它对提升员工幸福、企业幸福管理有什么作用？
5. 学习型企业的含义是什么？它对提升员工幸福、企业幸福管理有什么作用？

资料来源

正泰集团官网，http：//www.chint.com/zh/。

参考文献

[1] 廖毅. 南怀瑾对正泰文化的影响 [N]. 温州日报，2019－07－01（006）.

[2] 吴泰青. 浅谈人才强企的人力资源策略——以浙江正泰集团为例 [J]. 企业科技与发展，2016（12）：7-10.

［3］张小媚．激发创新潜能，释放创造活力——正泰集团打造民企职工创新样本［J］．中国职工教育，2012（5）：22-23.

［4］正泰集团党委．构建和谐劳资关系，绘制美丽幸福画卷［J］．中国职工教育，2011（9）：10-12.

［5］杰锐．独特的企业文化为"正泰"插上腾飞的翅膀［J］．招商周刊，2004（Z3）：70.

［6］正泰文库编委会．筑梦正泰：百名基层员工"成长史"［M］．杭州：浙江工商大学出版社，2019.

［7］廖毅．步履正泰：南存辉亲述创业史［M］．北京：红旗出版社，2018.

第五篇

圣奥集团：与员工同苦共累，更同甘共享

吴道友　　张晓慧*

> 圣奥在不断做大做强的同时，必须努力营建属于每一位员工的幸福共同体。
>
> ——倪良正
> 圣奥集团董事长

案例导读

图片来源：圣奥集团官网。

幸福管理研究表明，定义幸福企业的指标主要有两个：一是为员工创造幸福，二是为

---

　* 作者简介：吴道友（1975-），男，汉族，湖北赤壁，浙江财经大学工商管理学院教授，博士。研究方向：人力资源管理、创业管理。Email：wudaoyou@ zufe. edu. cn。张晓慧（1996-），女，汉族，山东烟台，浙江财经大学人力资源管理研究所助理研究员，硕士。研究方向：人力资源管理。Email：1250078693@ qq. com。

社会创造幸福。圣奥集团自成立以来，便致力于让所有员工"有房、有车、有存款、有知识、有尊严"，并持续履行企业社会责任，建设幸福型企业。

圣奥集团秉持"与员工同苦共累，更同甘共享"的幸福企业建设理念，从四个方面持续开展幸福企业建设：一是为员工提供高标准的薪酬福利，保证员工"薪"情愉悦；二是提供完善的人才培养机制，实现员工的不断成长；三是细致关爱员工的家庭，促进员工家庭幸福；四是积极承担社会责任，增强员工归属感和自豪感。圣奥集团四个方面的幸福企业建设，实现了企业发展与员工幸福的双赢。

日本管理学专家坂本光司认为，让员工备感幸福是幸福企业建设的首要任务。与员工共享幸福，与社会共同进退可以说是圣奥集团建设幸福企业的真实写照。作为幸福企业建设的众多先行者之一，圣奥集团凭借对员工无微不至的关怀赢得了员工的倾心，凭借对社会的积极奉献赢得了社会的称誉，也为其他企业建设幸福企业提供了借鉴和参考。

关键词：圣奥集团；同苦共累；同甘共享；社会责任

 前言

近年来，圣奥集团凭借对员工无微不至的关怀赢得了员工的普遍认可和社会的高度评价，在建设幸福企业的过程中取得了优异成绩。

2019 年，由猎聘网主办的"2019 非凡雇主——浙江站"评选活动中，圣奥集团凭借在文化氛围、未来趋势、薪酬福利、雇主形象、工作环境等方面的突出表现，以及在企业组织与人才培养方面的明显优势而备受肯定，并因此获得"非凡雇主"奖项；2014 年，在《求是》杂志社和浙江日报报业集团主办的"第二届中国（浙江）全面小康论坛暨颁奖典礼"上，圣奥集团荣获"2014 年度中国浙江和谐幸福企业"荣誉称号；2010 年，圣奥集团在浙江省第五届最佳雇主企业系列评选中荣获"2010 年度最佳雇主企业"荣誉称号，并被评为最具员工幸福感企业；2009 年，圣奥集团董事长倪良正被评选为"2009 年度杭城最佳雇主"。

这一系列荣誉称号正是社会大众对圣奥集团幸福企业建设所获成果最诚挚的肯定。"最佳雇主""非凡雇主"的期许早已不再是把薪酬福利当作唯一的重心，尊重员工、提升员工幸福感越来越成为这个时代既朴素又切实的要求。桃李不言下自成蹊，太阳不语光芒普照。最幸福的企业不是出现在企业家的"嘴"中，而是出现在切实的行动中。一个对员工事事善待的企业家，一个对员工体贴入微的企业必定会拥有善待他的员工。只有这样，员工和企业才能以共同的力量，去善待企业的未来。

 企业简介

圣奥集团有限公司创立于 1991 年，是一家集办公家具、生活家居、置业投资于一体的实业集团，集团总部位于浙江省杭州市钱江新城。从精工打造第一件家具至今，圣奥 29 年来始终致力于用科技改善办公环境，提升用户的工作幸福指数。

发展至今，圣奥目前在全球已拥有员工 4000 余人，汇聚了来自意大利、德国、西班牙等地的设计力量，掌握了办公环境规划、办公产品制造的先进技术，现累计获得专利 1000 多项，在国际上斩获多项设计大奖，产品远销全球 110 多个国家和地区，服务的客户既有阿里巴巴、恒大集团等世界 500 强企业，也有咪咕音乐、三只松鼠等互联网创新企业。圣奥目前拥有萧山、海宁两大生产基地，位于杭州钱塘新区的智造基地已于 2019 年下半年投产；通过引进德国、意大利等欧洲先进自动化生产线，圣奥从大规模制造转型为规模化定制；精益生产模式的引入，全面提升了圣奥的现场管理水平，高质量、低能耗的生产方式大大提升了企业的生产效率，确保了产品品质。

此外，作为全国家具标准化技术委员会的副主任单位，圣奥积极起草或参与国家、行业等标准化制定，努力推动家具行业进步，先后多次获得"中国家居制造先进企业""中国办公家具十大领军品牌""全国办公家具行业质量领先品牌"等荣誉资质。在行业之外，圣奥积极地履行社会责任，成立圣奥慈善基金会，公益项目涉及助学、助老等多个领域，为社会发展贡献企业力量。

 建设幸福企业的指导思想

"无苦、无累，怎做圣奥人？不和、不富、不乐，谁做圣奥人？"共苦共累更同甘共享是圣奥集团企业文化的精髓，也是圣奥与员工携手共同建设幸福企业的重要法则。前者是企业对员工辛勤付出、努力工作的期许，在吃苦耐劳的背后则是企业对所有员工共享富足的承诺。在圣奥，"一分耕耘，一分收获"已成为全体员工的共识，踏实工作也已成为全体员工的行事品格。

在公司创始人倪良正看来，同样是工作一个月，企业家的收入比员工的收入要多得多。"把企业做好，是一种成就；把成就给予更多的人共享，则是最大的幸福""圣奥在不断做大做强的同时，必须努力营建属于每一位员工的幸福共同体"是倪良正的企业价值观和人生价值观。在这样朴素思想的指导下，圣奥始终心系员工，践行着让工作成为一种享受的管理理念。

 建设幸福企业的具体举措

在建设幸福企业的过程中，圣奥集团主要采取了以下四个方面举措：一是提供完善的薪酬福利保障，保障员工"薪"情愉悦；二是构建明晰的发展通道，关怀员工职业发展；三是由内而外，将对员工的关爱延伸至其家庭；四是积极承担社会责任，增强员工自豪感。这一系列举措，彰显了圣奥集团对员工的细致关怀和对社会的企业情怀。

一、建立完善的薪酬福利体系，保障员工幸福生活

对于企业员工而言，薪酬福利是保障基本生活得到满足的最直接因素，也是影响其幸福指数的重要因素。圣奥集团在员工薪酬福利方面做了大量的工作，从而给员工带来细致的关怀和温暖。

（一）为员工提供具有市场竞争力的薪酬

圣奥集团致力于为每位员工提供具有市场竞争力的薪酬激励，根据员工的岗位和能力定薪，同时密切关注外部市场的变化和发展趋势，确保其整体薪酬水平在地区和行业内具有市场竞争力。

除了确保及时足额地发放薪水、员工工资年年递增外，还规定每年至少加两次工资，每次增加幅度不低于5%。同时，对于那些虽然没有良好的教育背景，但木匠工艺精湛的民间高手，圣奥集团以百万年薪揽之也决不吝惜。在圣奥集团看来，给予木匠们百万年薪，可以帮助源远流长的木工手艺在自己的公司得到发扬、传承，这种付出是物超所值的。高水平薪资福利是圣奥给予员工生活保障最直接有效的途径。

（二）为员工提供全面多样的福利保障

圣奥集团关爱每一位员工，为员工提供全面多样的福利保障。除"五险"全员覆盖之外，员工们还享有交通、通信、学历、职称、工龄、午餐等各类

补贴，而且是人人享有，公司建有带空调和热水器的宿舍，外来务工者只要拎包就能入住，在外面租房的员工则享有住房补贴。此外，除了一年一度固定的员工生活节，公司还会为过生日的员工举办生日会，在逢年过节的时候举办晚会等活动，在年中或者年末组织员工旅游等，给予每一位员工由内到外的温暖。

除了对在办公室内工作的员工关爱有加，圣奥集团也没有忘记在一线工作的建筑工人。2019 年的夏季，杭州持续高温，酷热的天气给户外工作者带来了新的"烤"验。为了确保建筑工人的健康和工地的生产安全，在施工现场，项目负责人变成了"消暑特派员"，他们仔细询问各班组降暑设备及制冷设备的配置情况以及高温中暑应急方案，并为现场的工人送上清凉饮料和生活用品，把集团的关怀第一时间带给一线施工工人。

二、构建完善的人才培养体系，满足员工的职业发展需求

人才总是流向最有价值的地方，对于企业而言，要想获得员工的认同，必须为员工提供事业发展的平台，给员工广阔的成长空间，由此，员工也会更加认同企业。圣奥集团充分考虑到了员工的职业发展需要，培养员工踏实勤恳的工作作风，并为员工提供明晰的发展通道和丰富的培训机会，帮助员工成长，夯实员工幸福感。

（一）大学生也要从基层开始干起

圣奥集团每年都会招聘一定数量的大学生，在培养这些大学生时，圣奥集团的一大特色就是无论学生是什么专业，每个人都必须先到车间里学习，从普通工人做起，而且晋升调岗要根据考核结果，只有在现有岗位公开考核合格后，相应工作人员才可以进入晋升或调岗程序。公司创始人倪良正在给大学生们的公开信中曾这样写道："我知道，在你们每个人的心里可能都有一个梦想，当一个受人尊重的、有社会地位的人。但你们要想实现理想，都必须从基层开始，从学徒开始。"从"80 后"到"90 后"，圣奥集团的部分企业骨干，甚至包括企业的一把手，都是从这些既有知识又懂实践的大学生当中产生的。

毕业于浙江农林大学的范启东早已从车间中锻炼出来，进入了圣奥集团研发中心，并开始独立承担公司的一些设计任务。他的设计作品"解意桌"，获得了国内最高级别家具设计大赛——中国家具协会金斧家具设计大奖赛院

校组金奖。在他获奖之后,很快就有别的企业来高薪挖角,但范启东坚持选择圣奥集团,他的感受是在圣奥集团这样一个充满阳光的舞台上,从基层一步步做起,感觉最真实,也最踏实。

(二)量身定制的人才培养计划

圣奥集团对处于不同成长阶段的员工有着不同的培养方案,员工们也有着清晰的晋升目标。让应届毕业生参与"橙"计划,主要参加部门实习项目以及专业技能培训项目等,完成"新手入门教程";让有相关工作经历的员工参与"青"计划,主要参与储备干部培训项目,进一步提升业务能力;业务骨干或者基层管理者参与"蓝"计划,主要参与行业专题论坛、外派培训项目等,进一步了解行业发展动态;专家或者中层管理者参与"绿"计划,主要参与 MTP 中层管理培训项目、行业学术研讨会以及进行国内外企业参观等;资深专家或者高层管理者参与"红"计划,主要参与 MBA 项目、EMBA 项目以及海外留学项目等。分层分类、路径清晰的人才培养计划更加坚定了员工心中对未来晋升方向的期待。

(三)圣奥管理学院助力企业人才成长

公司专门成立了圣奥管理学院,帮助员工成长。圣奥管理学院自 2007 年成立以来,积极践行"为企业发展提供文化动力和人才动力"的使命,围绕"战略规划承接、文化知识传承、人才培养摇篮、对外链接窗口、经营管理智囊"的定位,不断创新人才发展项目,践行各类人才发展、培养的方法和理念,开展了多个人才发展项目。

学院先后举办了面向国际营销员的"巴菲特"项目、面向国内营销员的"西点计划"项目、内训师培养项目、青干班和圣奥班项目等,为企业员工学习成长提供强有力的支持,为员工职业生涯发展提供了保障。与此同时,圣奥集团还会为员工提供国外学习的机会,如班组长以上员工,都能有机会到日本、欧盟等先进国家学习培训一段时间。

三、由内到外,将对员工本人的关爱延伸至亲人和家庭

圣奥集团在发展过程中时刻关心员工的生活状况,多措并举致力于改善员工生活,不仅为员工本人谋取更多福利,也对员工的家人给予关爱和照顾,

让幸福感渗透到每一位员工心中。圣奥集团这一系列既贴心、又实用的举措都是从员工最根本的需求出发，针对员工生活的痛点给予了有效的解决方案，尽显企业对员工发自内心的关爱，保障了员工的切身利益。

（一）小"候鸟"公益学堂解决员工子女暑期学习的难题

每当暑假来临，孩子在哪过暑假，对外出务工的家长来说就是一件揪心的事情。孩子如果留守在老家，家里年迈的父母很难看紧孩子，孩子的安全成问题；若把孩子接来自己身边，孩子需要来回接送，上班期间也无人照管，同样也会出现问题。左右为难的家长为了让孩子安全度过暑假，有些不得不选择暑期离职。"担心孩子，上班常常心神不宁，安全作业也会存在隐患。"圣奥集团副总裁、工会主席陈园和说，"员工的'小'事，就是企业的'大'事。"为了让员工安心工作，解决员工暑期的后顾之忧，圣奥集团于2013年成立圣奥学堂，由公司开辟场地，请大学生志愿者照看孩子，辅导孩子们写作业。

6年多来，圣奥学堂先后已接收过1000多位员工子女入班学习，得到了员工们的一致好评。车间员工王静芳说："公司这样做真的帮我们解决了大问题，这样比搞一两次孩子集体活动实惠、有用，不然暑期我真没办法上班。"在圣奥学堂上学的员工子女全是免费入学，所有费用均由圣奥慈善基金会承担。圣奥学堂自成立以来，总投入240多万元，人均投入2500元左右。圣奥学堂开创了暑期教育的新模式，设立专门的教育场地，由大学生志愿者和社会专业人士担任讲师，实行规范的管理和结业汇报，教学的内容包含课本知识、作业辅导、爱国教育、文化礼仪、社会美德……不仅能给孩子们创造一个快乐成长的暑假，也能让员工免除工作的后顾之忧，将公司对员工的关爱进一步延伸到员工的家庭，营造出一种对员工暖心、关怀的人文氛围。

（二）员工互助基金会帮助员工解家庭的燃眉之急

圣奥集团员工互助基金会自2017年成立以来，一直源源不断地为公司困难员工"送温暖"。2019年1月，员工互助基金会联同圣奥慈善基金会、圣奥集团工会为来自13个省、区的33位困难员工送上了困难补助金。这些员工有的是自身受伤或生病，不得不长期用药；有的是家人身患重病，承担着高额的医疗费用；有的是已经在圣奥工作十几年的老员工，是全家唯一的收入来源；有的是刚入职一两年的新员工，因为病痛而不得不负重前行。这一份份补助金包含了圣奥集团 3000 多位员工对困难员工的关心和鼓励，也饱含着集团对员工殷切的关怀和希望，这份守望相助的力量诠释了幸福企业建设的内涵。

员工互助基金会的成立，增强了集团员工的凝聚力，促进了圣奥集团建设和谐幸福的大家庭。圣奥集团成立互助基金会的初衷就是在公司内部做慈善，切实从员工角度出发，为员工做一些实事儿。对于员工而言，对同事解囊相助的同时也提升了自我，有助于员工实现自我价值；对于企业而言，依靠集体的力量及时解决了一些员工的燃眉之急，同时增加了员工的归属感，也提升了企业的凝聚力。

四、积极承担社会责任，与社会共享幸福企业建设成果

承担社会责任可以使得企业成为更好的企业公民，对外可以为企业树立负责任的企业形象，赢得更加有利于企业发展的社会环境；对内则可以增强员工对企业的认同感和自豪感。圣奥集团在发展过程中心系社会，为社会慈善事业发展积极贡献力量。

（一）成立圣奥慈善基金会，为做慈善提供便捷

2008 年发生汶川大地震，圣奥集团立即寻找来自灾区的员工，对于回家探亲的员工，公司为其照常发放工资并且报销其来回路费；对于房屋遭到破坏的员工，公司出钱帮他们重建家园。这既是对自家员工的体恤，也是在为蒙难的灾区、为国家遭遇的厄运分忧。

随着集团不断地发展壮大，圣奥集团也拥有了更多力量来承担社会责任。2011 年，集团解囊捐资 1000 万元给浙江省光彩事业促进会。5 天后，圣奥集团正式创建了浙江圣奥慈善基金会，原始基金高达 2000 万元。目前基金会的公益项目涉及助学、助老、扶贫济困等多个领域。2018 年圣奥慈善基金会捐资 1 亿元助力西湖大学建设。数年耕耘下来，截至 2018 年 12 月，浙江圣奥慈善基金会共实施公益项目 130 余项，惠及人数 50000 余人，累计捐赠达 1.6 亿余元，让更多的老人得到了温暖，让更多的寒门学子完成了学业。

（二）心系大众，与社会共克时艰

2019 年的夏季，超强台风"利奇马"席卷浙江，圣奥慈善基金会迅速行

动，向浙江省慈善联合总会捐赠 200 万元，驰援温岭赈灾重建，帮助灾区群众恢复生产、重拾信心、重建家园。集团董事长倪良正说，圣奥集团有今天的发展，离不开党和政府及社会各界的关心与支持。当企业有了一定发展时，就要积极回馈社会。重灾区温岭此次遭遇超强台风，很多人的家都在洪水的冲击下毁于一旦。圣奥集团虽然远在杭州，但一直牵挂着温岭的灾情，与灾区人民心连心，助力灾区群众渡过难关。

2020 年新年伊始，自新型冠状病毒引发的肺炎疫情爆发以来，圣奥集团、圣奥慈善基金会一直在密切关注。圣奥集团、圣奥慈善基金会心系前线医护人员、心系疫区人民，肩负社会责任，于 2020 年 1 月以基金会名义向浙江省光彩事业促进会捐赠 1000 万元，用于购买医用防护物资，紧急支援武汉、浙江多地疫区前线防治工作，与全社会共赴时艰。

社会责任感是一个"大写的人"的根基，更是一家"大写的企业"的平民情怀所在。圣奥集团因竭其所能的尽责，受到了全社会的普遍尊重，也为其他企业向更高境界的攀登和跨越，树立了一个令人信服的标杆。

 经验借鉴

一、培养企业家幸福管理意识，落实幸福管理举措

人本管理理论认为，在经济人假设和自我实现人假设的基础之上，幸福人假设越来越成为人力资源管理的理论基础，企业家可以通过自身身心修炼，建立幸福的组织来实现员工的幸福。

所以作为一个企业灵魂人物和影响力最大的人，企业家们如果能够像圣奥集团董事长倪良正一样，把员工的身体健康、生活状况时刻挂在心头，把提升员工的幸福感视为企业的重要追求，心系员工，将惠及员工的政策和举措落到实处，必将会对提升员工工作积极性、生活幸福感、企业凝聚力，进而提高企业生产力产生积极有益的作用。

二、切实关心员工需求，不断满足员工幸福需要

如果说完善的薪酬福利体系、科学的人才培养制度是建立幸福企业、提

升员工幸福感的基础条件，那么成立员工互助基金会、为员工子女打造小"候鸟"公益学堂等，则为员工幸福生活锦上添花。尤其是"圣奥学堂"，它开设之初仅仅是帮助员工解决了小候鸟"探亲"的难题。但是随着运营的成熟，"圣奥学堂"已逐渐发展成一种带有创新性的教育模式：员工能看到孩子，孩子能增长知识，不仅能给孩子们创造一个快乐成长的暑假，也能让员工免除工作的后顾之忧，将公司对员工的关爱进一步延伸到员工的家庭。"圣奥学堂"的建立解决了员工的现实问题，营造出一种对员工暖心、关怀的人文氛围，是暑期教育的模式创新，也为其他企业提供了可复制的关爱员工的模式。

三、建设共享幸福的企业文化，营造和谐工作氛围

企业文化对于一个公司的作用不言而喻，良好的企业文化可以让员工拥有一致的价值观，营造出和谐共享的工作氛围，提高企业的凝聚力。"无德、无苦、无累，怎做圣奥人？不和、不富、不乐，谁做圣奥人？"这是圣奥集团的企业文化精髓，非常充分地展现了企业与员工双方相互的换位思考。前者是因，后者是果，前者是企业对员工提出的要求，后者是企业给员工的承诺。

圣奥集团的幸福管理思想虽然很朴素，但非常有效。凡付出就有回报，凡劳动就会幸福，企业的幸福与员工的幸福息息相关。圣奥集团用非常有效的实践向我们证明，同甘共苦的幸福文化、员工亲如一家的工作氛围对提升员工幸福感有着重要的推动作用和意义，为别的企业提供了良好的示范。

四、承担回馈社会的企业责任，树立良心企业形象

企业通过积极地承担社会责任，不仅可以更好地体现出自己的价值取向和经营观念，树立有作为、有担当的企业形象，还可以赢得良好的声誉和社会的认同，从而为企业发展营造更好的社会氛围。圣奥集团几十年如一日的坚守使一个小小的家具作坊发展成一个办公家具的行业领先者，长期的善行善举向整个社会传递着仁爱之心。圣奥集团为了让更多的人参与善行善举，成立圣奥慈善基金会，不仅可为自家的员工一解燃眉之急，更在社会需要之时解囊相助，与社会共克时艰，从而让善行有一个完善的载体，走出了一条自觉的、有计划的慈善之路。

本篇启发思考题

1. 幸福企业的标准是什么?

2. 建设幸福企业对企业的管理模式和经营理念提出了哪些新的要求?

3. 如何在企业现有基础上充分借鉴其他优秀企业的经验?

资料来源

[1] 圣奥集团官方网站,https://www.isunon.com/。

[2]《圣奥捐赠1000万元,抗击疫情我们在一起!》,中华全国工商业联合会官方网站,2020年1月28日,http://www.acfic.org.cn/zt_home/gslzxd2020/gslzxd2020_4/202001/t20200128_152585.html。

[3]《圣奥集团董事长倪良正:企业做大了要达济天下》,中国网,2019年9月16日,http://zjnews.china.com.cn/yuanchuan/2019-09-16/188446.html。

[4]《圣奥集团倪良正荣获2017浙商社会责任大奖》,杭州市拱墅区人民政府网站,2017年12月29日,http://www.gongshu.gov.cn/art/2017/12/29/art_1228923_14735979.html。

[5]《"2013浙江省十大幸福企业"榜单出炉》,浙江在线,2013年12月29日,http://zjnews.zjol.com.cn/system/2013/12/29/019783240.shtml。

[6]《圣奥:构建每一位员工的幸福共同体》,《中华工商时报》,2010年7月21日,https://finance.qq.com/a/20100721/002740_1.htm。

[7]《浙江省第五届最佳雇主企业系列评选》,浙商研究会,http://www.zjsr.cn/item/special.asp?id=40。

参考文献

[1] 刘文金. 万丈高楼平地起 [N]. 消费日报,2011-10-12(B01).

[2] 晓霞. 圣奥集团:树立办公新理念 [J]. 中国质量技术监督,2011(9):91.

[3] 应华根,方平原. 圣奥:构建每一位员工的幸福共同体 [J]. 会员风采,2010:32-34.

第六篇
万丰奥特："活力幸福企业"的探索与实践

旷开源[*]

敬天爱才，共创辉煌。

——陈爱莲
万丰奥特董事长

案例导读

图片来源：万丰奥特集团官网。

---

  * 作者简介：旷开源（1969-），男，汉族，江西泰和，浙江财经大学工商管理学院副教授，博士。研究方向：人力资源管理、家族企业经营管理和大学生心理健康教育等。Email：69011z@163.com。

幸福的企业不是相似的，而是各有千秋。本案例分析提炼了万丰奥特建设幸福企业的指导思想和整体思路，阐述了万丰奥特以"企业关爱职工，职工热爱企业"的"双爱"活动为抓手，坚持以员工为本，如何把"双爱"活动贯穿于"安居工程""健康工程""关爱工程""素质工程""民主工程""活力工程"六大幸福工程建设之中，切实贯彻其"快乐工作，幸福生活"的企业理念。

幸福企业的建设不仅改变了企业的创新模式，也改变了职工素质的提升模式，还改变了企业与员工的关系；同时，打造幸福企业要以具体活动为抓手，要以正确的企业理念为导向确立员工正确的人生观、幸福观，激发企业活力是打造幸福企业和培育幸福员工的源泉。

关键词：万丰奥特；活力幸福企业；探索与实践；案例分析

 前言

万丰奥特基于"快乐工作，幸福生活"的理念，以"企业关爱职工，职工热爱企业"的"双爱"活动为抓手，坚持以员工为本，深入建设六大幸福工程来实现打造"活力幸福企业"的目标。

六大幸福工程主要内容："安居工程"是确保员工"居有其屋"；"健康工程"是确保员工"病有所医"；"关爱工程"是确保员工"困有所帮"；"素质工程"是确保员工"能有所升"；"民主工程"是确保员工"权有所维"；"活力工程"是确保员工"劲有所使，力有所发"。万丰奥特把"幸福"理念贯穿于企业日常经营管理活动，把员工"幸福感"作为评价企业发展效果和企业经营绩效的重要指标，在外实现了零投诉，在内实现了零纠纷。不仅改变了企业的创新模式，实现了由经营管理者主导创新向全员创新、全方位创新的转变；也改变了职工素质提升模式，实现了由被动提升向主动提升的转变，激发了职工"学技术、练本领、比技能"的积极性；还改变了企业与员工的关系，进一步凝聚和团结了员工，密切企业与员工的关系，推进了和谐企业建设，为企业和员工的可持续发展创造了可能。

毫无疑问，万丰奥特"活力幸福企业"具体探索与实践的经验值得总结和提炼，这既可以为该企业自身今后的发展明确方向，也可以为其他民营企业乃至其他类型的企业提供有价值的借鉴。

企业简介

　　万丰奥特是一家跨地域、多元化、外向型且集科、工、贸为一体的股份制企业集团，是亚洲最大的铝合金车轮生产基地。集团从 1994 年起步，现有员工 4600 余名，产品涉及汽车整车、汽车零部件、机械装备 3 个产业，下辖浙江万丰奥威汽轮股份公司等 11 家子公司，在浙江新昌、宁波、上海浦东、山东威海、重庆九龙坡等地区设立了生产基地。

　　万丰奥特拥有国家级企业技术中心、博士后科研工作站和国内企业界首家院士工作站，是全国企事业专利试点单位。组织实施了国家"863"计划、"火炬"计划、"星火"计划、"双高一优"等一系列科技创新项目。在开发软件、制造设备、检测仪器等方面居行业领先地位，并通过 ISO9001、ISO/TS16949、QS9000、VDA6.1、SFI、VIA/JWL 等一系列国际认证。其拳头产品"ZCW"铝轮是"中国名牌"产品和"出口名牌"产品以及"中国驰名商标"产品，在全球行业享有盛誉。万丰低压铸造机、万丰发动机是国家级重点新产品，产品除畅销全国外，还批量出口美国、日本、韩国、澳大利亚、意大利、俄罗斯等 20 多个国家。

　　万丰奥特先后被授予中国汽车零部件 50 强、中国机械行业核心竞争力 100 强、中国成长企业 100 强、全国民营企业出口 100 强、国家级重点高新技术企业、全国铝轮企业综合竞争力金牌单位、全国铸件出口龙头企业、全国工业重点行业效益十佳企业、全国企业信息化工作先进集体、浙江省文明单位、浙江省重合同守信用企业、浙江省首批绿色企业、浙江省首批诚信示范企业等荣誉。

 建设幸福企业的指导思想

　　万丰奥特建设幸福企业的指导思想建立在企业信条、精神、经营理念的基础上，通过规范员工行为，打造"活力幸福企业"。

一、明确企业基本信条和精神

　　陈爱莲历经艰辛，以身作则，悟出了正面精神的真谛，把万丰奥特的信条聚焦表述为：万里之行，始于轮下；丰功伟业，基在创新；万丰奥特的精神素养为：开拓精神——在市场经济中建立强大的生产、经营和开发能力；不驯服精神——遵循规律，推陈出新，创新务实，勇于冲破传统束缚；生态精神——不断地调整自己，适应工作与市场竞争环境；群体精神——能精诚合作协调作战、优势互补、众志成城；吃苦精神——有顽强的意志，能吃常人不能吃之苦。

二、把企业信条和精神贯穿于企业经营实践，确立具有特色的企业经营理念

经营实践中秉持"诚信双赢、以人为本"的理念准则，夯实"精神兴企、科技强企、制度治企"的理念基点，专注"营造国际品牌，构筑百年企业"的理念追求；明确"以顾客为中心"的经营方针；全面落实"增强企业实力，回报股东投资、提高员工生活"的经营目标。

三、通过确立员工正确的人生观，规范其行为，落实企业信条、精神和经营理念

把"为别人创造幸福的人最后自己最幸福"确立为员工的基本价值观，以此来规范全员的行为方式：服从——遵循规律，听从领导，遵守制度，服从分配；忠诚——忠于职守，忠于企业，忠于国家，忠于民族；勤奋——勤于学习，勤于工作，勤于思考，善于开拓；眼光——立足当前，放眼未来，设身处地，面向世界；气魄——心胸坦荡，浩然正气，严以律己，宽以待人；毅力——百折不挠，艰苦奋斗，乐观豁达，迎难而上。

四、通过全面地、巧妙地运用物质文化载体

通过产品和服务的质量体系来培育企业文化；设计企业形象，加强制度文化建设，增添文化设施，开展文化活动，保持和谐氛围，强化学习培训等文化载体和文化建设手段，建立起万丰奥特打造"活力幸福企业"的文化和思想基础。

建设幸福企业的整体思路

集团总裁陈爱莲送给每个总经理一块匾："敬天爱才共创辉煌"。"敬天"指遵循自然规律，合乎党和国家的方针政策；"爱才"就是要尊重知识，尊重人才，实现共创共享。这也是万丰奥特建设幸福企业的思路，万丰奥特恪守"快乐工作，幸福生活"的基本理念，以"企业关爱职工，职工热爱企业"的"双爱"活动为抓手，坚持以员工为本，深入建设六大幸福工程，把"双爱"活动贯穿于六大幸福工程建设之中，把"快乐工作，幸福生活"的理念变成实现。

在"双爱"活动中，突出"企业关爱职工"的先导性和主导性，明确员工"居有其屋"是企业推进"双爱"活动的基础；而确保员工"病有所医"，促进员工身心健康既是企业的责任，也是推进"双爱"活动的重要内容；员工"困有所帮"，帮助员工排忧解难，让员工在企业无忧无虑工作，是推进"双爱"活动的主要内容；提高员工技能素质，拓宽员工晋升空间，又是推进"双爱"活动的关键要素；保障员工的知情权、参与权、表达权、监督权，更是推进"双爱"活动的必然要求；能够确保员工"劲有所使，力有所发"的"活力工程"建设，是激发企业和员工活力的根本保证，也是推进"双爱"活动的基本目标。

有了"双爱"活动六个方面的推进和建设，不仅改变了企业的创新模式，实现了由经营管理者主导创新向全员创新、全方位创新的转变；也改变了职工素质提升模式，实现了由被动提升向主动提升的转变，激发了职工"学技术、练本领、比技能"的积极性；还改变了企业与员工的关系，进一步凝聚和团结了员工，密切企业与员工的关系，推进了和谐企业建设，也使得"活力幸福企业"成为可能。

 建设幸福企业的具体举措

陈爱莲认为，自创业以来，企业一直发展得比较顺利，不是自己比别人聪明，而是她拥有非常优秀的、幸福的大团队。为此，她常常倡导，一个人的力量是有限的，团队的威力才是无穷的，是各级团队创造了企业的今天，也将继续创造万丰奥特更加辉煌的明天。万丰奥特一直秉持这样一种文化理念：一个领导者是否优秀，一是看他能否源源不断地打胜仗，打到哪里成功到哪里，优秀队伍就会集聚到哪里；二是看他胜利了是否能把成果与大家分享，包括精神激励和物质激励，也就是领导者是不是一个能够照顾下属和员工积极感受的分享者。也正是如此，万丰奥特牢牢把握"快乐工作，幸福生活"的理念，以"企业关爱职工，职工热爱企业"的"双爱"活动为抓手，坚持以员工为本，深入建设六大幸福工程，探索和实践其打造"活力幸福企业"的目标，具体做法如下：

一、"安居工程"建设，确保员工"居有其屋"

"让居者有其屋"是员工的内在要求，也是企业推进"双爱"活动的基础。万丰奥特把员工住房安置率指标纳入企业长远发展规划，多措并举，稳步实施。发挥公积金作用，在行业内率先为员工交纳住房公积金，解决了员工"房贷难"的问题。近年来，万丰奥特发挥团购作用，通过与房地产企业谈判协商，以团购的方式、每套优惠 20 万元以上的价格，累计减轻购房资金压力上亿元。发挥新昌人才公寓作用，为外来人才提供 400 多套高品质的住房，共为 600 多名优秀员工解决了安居问题。发挥公司建设作用，在新公司、新工厂筹建中，配套建设员工宿舍或住宅，为员工提供优质住宅。2012 年，投资 3000 多万元，建设 3 幢员工新宿舍，288 套房间可供 772 名员工居住。在占地 2000 亩的万丰高科精品园中，专门配套建设员工住宅。"十一五"规划期间，员工住房安置率达到 30%。

二、"健康工程"建设，确保员工"病有所医"

促进员工身心健康既是企业的责任，也是推进"双爱"活动的重要内容。每年投入资金改善员工生产环境，每年组织开展系列体育文化娱乐活动，专门成立了万丰奥特职业卫生管理机构，出资改造了原先 60 多平方米的员工医务室，为广大员工提供了专业、舒适的就医环境。定期组织员工健康体检，并积极与新昌当地医院、省级重点医院衔接，畅通员工医疗保障渠道，建立了"万丰绿色通道"，及时为员工提供医疗服务，每年累计有 200 多人次享受绿色通道待遇，其中有 5 名员工和家属由于抢救及时从死神手中夺回了生命。有一名员工的父亲晚上九点突然脑溢血，这名员工第一时间打电话给工会，工会主席立即赶到医院，电话联系主任医生，把他从家里叫到医院，当机立断进行了成功的手术，及时挽救了生命。员工逐步形成了有困难第一时间找公司的习惯。公司的健康保障措施成为全面提升员工满意度的重要途径。

三、"关爱工程"建设，确保员工"困有所帮"

帮助员工排忧解难，让员工在企业无忧无虑工作，是推进"双爱"活动的主要内容。坚持组织关爱，全面实施"1+5绿叶工程"，发挥车间、工段的党、工、青、妇、民兵组织的作用，在一线了解员工困难、在一线帮助解决困难。坚持基金关爱，建立"万丰奥特爱心互助基金"，帮助员工和家属解决突发性困难，目前累计有536名员工和家属获得救助，救助金额共计360多万元。坚持细节关爱，落实员工关爱管理制度，同时将关爱延伸到员工家庭。积极帮助解决外来员工子女入托难、入学难的实际困难，每年表彰一批"好妻子、好母亲"评比活动，将关爱延伸到家庭。坚持重奖关爱，斥巨资4000多万元，购置奔驰、沃尔沃、宝马等品牌汽车110辆，奖励给优秀员工和业务骨干。把解决员工后顾之忧落到实处，并贯穿于企业的日常经营管理活动中。

四、"素质工程"建设，确保员工"能有所升"

学习是员工进步的起点，培训是企业发展的基础。提高员工技能素质，拓宽员工晋升空间，这是推进"双爱"活动的关键要素。集团深入实施"135人才培养计划"（培养100名专家型人才，300名专业型人才，500名技能型员工），并按每年工资总额的2%提取专项培训经费，切实加强对员工的培训。出重金培养核心团队，每年选派10~20名管理人员前往清华大学、复旦大学、浙江大学、上海交通大学、上海财经大学等国内著名高等院校进行EMBA、MBA研修，已有107名员工完成学业，累计支出费用400多万元。输送400余名骨干员工参加清华大学精益制造管理人才高级研修班、上海财经大学财务统计管理人才高级研修班及浙江大学房地产开发与经营管理高级研修班，合计费用300多万元。同时通过文化研讨提升整体素质，每年组织200多名精英骨干参加杭州、黄山、舟山、泰山等地文化研讨班，通过文化讲座、分组讨论、成果分享，发挥集体智慧闪光点，集思广益，畅所欲言，统一思想、产生共识、步调一致，为圆满完成经营计划目标凝聚智慧。还建立野马特训班集中培育优秀骨干，每年定期组织35周岁以下的管理人员和技术骨干开展为期一个月的全脱产、全封闭式"野马特训"，培养员工的顽强意志和企业团队精神，已成功举办"野马特训"班14期，培训优秀骨干1000多名，其中走上管理、技术领导岗位的多达600多人，进一步拓宽了员工的上升空间，增强了员工的发展后劲。

五、"民主工程"建设，确保员工"权有所维"

保障员工的知情权、参与权、表达权、监督权，是推进"双爱"活动的必然要求。万丰奥特通过规范制度维权，建立员工收入与企业效益同步增长机制，确保员工薪酬每年增长10%以上，"十一五"期间员工平均工资增长53%，超过全省机械行业的平均水平；坚持职工代表大会制度，每年至少召开两次职工代表大会，审议涉及职工切身利益的规章制度、住房建设、利益分配等事项；建立劳动争议调解机构，规范劳动争议调解程序，近年来实现了企业劳动争议案件清零。万丰奥特从组建之初，就建立了民主评议干部制度，主要内容为：工作业绩占30%，责任性占20%，廉洁奉公占20%，工作能力占20%，工作作风占10%。做到民主计分、全员公告评议结果，评议结果作为综合评价职业经理人的重要参考依据，每年有3~5名中高层干部因民主评议不称职而被调整职务，对工作能力强，群众评价高的干部，及时推荐到重要岗位上任职。每年开展员工满意度调查，调查结果作为改进工作的依据，并与干部薪酬挂钩。畅通渠道维权，通过召开员工座谈会，建立网站、微博、微信等网络平台，设立总经理信箱和举报信箱等途径，开展员工满意度调查，广泛听取员工的意见建议。

通过多年的实践，"双爱"活动取得明显成效，主要表现在：职工主人翁意识更强了。"双爱"活动激发了广大职工参与企业经营管理和劳动生产的热情，主动性、积极性明显增强，提出了许多合理化建议，仅2012年，企业共收到合理化建议1246条，93%已落实，2个金点子获浙江省职工节能减排优秀合理化建议。科技创新热情更高了。"双爱"活动进一步激发了职工创新热情，广大职工立足岗位攻坚克难，小改革、小发明、小创造持续不断，质量也大大提高。仅油改气创新项目一项每年就为公司节约成本1000万元；国内首条重卡发动机组芯线的成功研发，使工作人员从280人骤减到9人，该技术还填补了国内空白。劳动关系更和谐了。要让员工热爱企业，只有坚持以员工为本，更好地服务员工、持久地关爱员工，员工才会真正爱企如家。"双爱"活动进一步凝聚和团结了职工，使企业与职工间的关系更加密切，近年来企业实现了零投诉、零纠纷。

六、"活力工程"建设，确保员工"劲有所使，力有所发"

活力工程是激发企业和员工活力的根本保证，也是推进"双爱"活动的基本目标。近年来，集团从实际出发，开展以"创新驱动"为主题，"爱岗敬业比忠诚、勤学苦练比技能、建言献策比创新、创先争优比业绩"为主要内容的劳动竞赛活动，探索出了一条激发企业和员工活力的新路子。

（1）完善三个组织机构，为劳动竞赛提供坚强组织保障。

领导机构建设：成立由控股集团董事长任组长，总裁任副组长，工会主席、专职党委副书记、人力资源中心总监等任组员的劳动竞赛工作领导小组，领导小组每年研究制定竞赛政策和工作方案，落实专项资金，每年用于劳动竞赛的费用达 300 万元；组织召开由各公司总经理和工会、人力资源、生产等部门负责人参加的劳动竞赛动员大会，会上董事长、总裁亲自部署工作，明确工作目标、任务和要求。工作机构建设：成立由工会、人力资源、生产、技术等部门组成的工作小组，按照领导小组的要求和确定的总方案，细化具体工作方案，组织召开协调会议，并全程指导和督促各公司按要求开展竞赛活动。专业机构建设：按工种建立劳动竞赛专业组，编制不同工种、不同技术等级的培训教材和竞赛标准；建立内部讲师团，对职工分类开展理论知识和技能操作的培训；根据技术比武的要求，组建技能考核组，负责制订考核标准并组织考核。

（2）坚持三个"贯穿始终"，实现劳动竞赛与企业管理、职工发展相结合。

坚持把推动科技创新贯穿劳动竞赛始终：广泛开展技术革新、发明创造、合理化建议等活动，号召职工针对生产经营中的薄弱环节和制约企业效益提升的"瓶颈"，积极为企业创新发展建言献策、攻坚克难。如关于改变热处理淬火架材料的建议，给企业节约成本 100 多万元；彩带轮工艺难题的攻克，为公司每年盈利近 1000 万元。坚持把提升职工素质贯穿劳动竞赛始终：提高职工素质，是坚持以人为本，实现人的全面发展的必然要求，也是企业实施创新驱动战略的人才保证；通过结对帮扶、专业培训、岗位练兵、技术研讨、成果分享等竞赛活动，使职工获取新知识、掌握新技术、增加新本领，打造一支知识型、技能型、创新型的高素质万丰职工队伍。坚持把推进万丰文化建设贯穿劳动竞赛始终：把劳动竞赛作为万丰文化建设的重要载体，通过组织开展道德讲堂、企业文化研讨、先进事迹宣讲比赛、评选表彰"敬业榜样"和"劳动模范"等活动，引导职工树立正确的价值观、人生观。

（3）落实三项激励措施，让职工在劳动竞赛中"快乐工作、幸福生活"，激发企业和员工活力。

技能认证激励：近3年，有12000人次参加了岗位练兵，4600人次参加了技能比武；其中，2850人获初级工技能证书，785人获中、高级工技能证书，207人获技师、高级技师资格。津贴激励：每年对技能比武中涌现出来的获奖选手进行表彰，并给予一定的物质奖励，获得等级证书者每月还可获100~500元的津贴补助。评优提拔激励：将获奖选手作为集团"135人才工程"的后备人选，在党员发展、干部选拔、评先评优时优先考虑；给予优先培训、优先推荐参加省市县组织的技能大赛机会，为其职业发展搭建更具优势更便捷的平台。近3年，集团已确定206名职工为"135人才工程"的后备人选，在一线技术骨干中发展党员43名，提任干部238名。

通过近20年的实践，集团劳动竞赛在万丰奥特的发展中起着不可替代的作用。首先是改变了企业创新模式，实现了由经营管理者主导创新向全员创新、全方位创新的转变。劳动竞赛激发了职工创新热情，职工成为了创新主体，时时处处都有科技创新的可能，创新项目从过去每年几十个到现在每年近千个，不仅质量大大提高，还改变了职工素质提升模式，实现了由被动提升向主动提升的转变，激发了职工"学技术、练本领、比技能"的热情，多参加培训、多学习技术成为了职工的普遍愿望和内在需求，推进了和谐企业建设，企业活力和员工活力得到全面激发。

 经验借鉴

综上所述，万丰奥特基于"快乐工作，幸福生活"的基本理念，以"企业关爱职工，职工热爱企业"的"双爱"活动为抓手，坚持以员工为本，深入建设六大幸福工程，并把"双爱"活动贯穿于六大幸福工程建设之中，打造"活力幸福企业"的探索与实践经验值得总结和提炼，主要包括以下几个方面：

一、打造幸福企业要以具体活动为抓手

幸福是指一个人自我价值得到满足而产生的喜悦，并希望一直保持现状的心理情绪，可以划分为四个基本维度：满足、快乐、投入、意义。它强调的是人的心理体验和内在主观感受，没有外部环境的积极性刺激和影响，幸福感不会由内而发，要打造幸福企业，要以具体活动特别是积极性的具体活动来实现，也就是说要以能够给员工带来积极心理体验和积极主观感受性的活动为载体来实现，没有企业内外环境的改善与优化，没有给员工带来实实在在满足感的企业具体经营管理活动，幸福企业是不可能实现的。

二、要以正确的企业理念为导向，确立员工正确的人生观、幸福观

"人之幸福，全在于心之幸福"，幸福强调的是人的心理体验和内在主观感受，因而每个人对于幸福的感受和理解是不一样的，根本在于每个人价值判断标准的差异。万丰奥特的实践表明，以正确的企业理念为导向确立员工正确的人生观、幸福观，培育员工积极的价值判断标准，是企业打造幸福企业的前提和重要保证。习近平（2017）在党的十九大报告中也指出，我国社会主要矛盾已经转化为人民日益增长的美好生活需要和不平衡不充分的发展之间的矛盾。倡导人们对美好生活的追求是时代主旋律，树立正确的人生观、幸福观，既是时代需要，也是打造可持续发展的幸福企业的需要。

三、激发企业活力是打造幸福企业和培育幸福员工的源泉

没有企业的持续发展和经济实力的不断壮大，打造幸福企业，培育幸福员工也就失去了现实的物质保障。激发企业活力，挖掘企业潜力既是企业自我生存的需要，也是企业真正能够完成"幸福企业"蜕变的重要条件。员工对幸福的追求既是目标，也是过程，但从根本上来说更是没有终点的过程，企业只有做到了基业长青、活力不减、持续发展，才能满足员工不断增长的对幸福美好生活的追求，才是真正意义上的幸福企业。

本篇启发思考题

1. 幸福企业是如何炼成的，有哪些规律？

2. 提高员工幸福感能推动企业实现可持续发展吗？请结合万丰奥特的实际谈谈具体理由。

3. 建设幸福企业的主要难点有哪些？为什么？

资料来源

[1] 寻找浙企幸福样本——万丰奥特，https：//zj. qq. com/a/20131128/014676. htm。

[2] 以美丽的眼睛看世界，以感恩的心态做工作，http：//www. hsmrt. com/chenailian/6385. html。

参考文献

[1] 陈爱莲，许德祥. 文化为魂，持续发展——万丰奥特集团的经营哲学 [J]. 天津市职工现代企业管理学院学报，2001（4）：13-16.

[2] 陈爱莲. 万丰奥特的内控体系建设 [J]. 企业管理，2011（7）：62-63.

[3] 和程红. 万丰的"三维交叉"管理 [J]. 企业管理，2015（9）：85-87.

[4] 金科. 万丰奥特现象——企业创新启示录 [J]. 今日科技，2012（2）：10-13.

[5] 金连升. 万丰奥特：从汽车部件到智能机器人 [J]. 经贸实践，2013（11）：29-31.

[6] 朱宝琛. 全国人大代表、万丰奥特控股集团董事局主席陈爱莲建议对老字号上市予以特别支持 [N]. 证券日报，2020-05-21（A03）.

[7] 向"幸福"出发　建设幸福企业 [J]. 劳动保障世界，2019（2）：13-14.

[8] 刘韬. 党建引领　推动幸福企业建设 [J]. 中国邮政，2019（3）：29.

第七篇
奥克斯集团：人对了，企业就对了

刘国珍 *

> 做好企业，更要善待好员工，让员工开心，让大家在奥克斯不仅收获财富，更得到成长发展。

> ——郑坚江
> 奥克斯集团董事长

案例导读

图片来源：奥克斯集团官网。

幸福员工是企业创造力的源泉，是企业可持续发展和成长的基础。奥克斯集团基于以

———————————
* 作者简介：刘国珍（1976-），女，汉族，江西婺源，浙江财经大学工商管理学院讲师，心理学硕士。研究方向：人力资源管理、组织行为学。Email：guozhenliu@ zufe. edu. cn。

人才发展推动企业创新的思路进行管理,员工与企业成功融合为事业共同体、使命共同体与利益共同体。

本案例介绍了奥克斯集团幸福企业建设的缘起,基于公司—员工相互成就的视角,并分别从员工和公司这两个层面,梳理了奥克斯集团提升员工幸福感的人才管理措施和组织管理保障。最后,总结了奥克斯集团致力于幸福企业建设方面的经验借鉴和成效。

奥克斯集团在建设幸福企业的过程中,表现出很高的诚信意识、奉献精神和敬业行为,在进行幸福企业建设的同时,打造了企业、客户、伙伴和社会共建共享共赢的协同生态圈。奥克斯集团在建设幸福企业过程中的探索与实践值得其他企业借鉴和参考。

关键词:奥克斯集团;员工幸福管理;组织幸福管理;人才三大主线

 前言

奥克斯集团始终坚持以人才发展推动企业创新的基本思路,其员工在技术创新方面不断推进和深入,使得奥克斯斩获多项国内外大奖。目前奥克斯已获得专利 5400 余项,累计申请专利 8900 余项,空调智能化占比达到 80%。值得一提的是,奥克斯集团每年专利申请量及发明申请量仍在以 50% 的速度递增。

奥克斯集团在企业发展上取得的成绩离不开公司员工的贡献,拥有什么样的人才,就有什么样的企业。奥克斯集团以建设幸福企业为目标,始终坚持人才驱动创新发展的战略,探索出了一套行之有效的幸福管理体系,营造出"人人当家做主,工作就是娱乐,效率就是回报,人人平等原则"的工作环境,使员工和企业形成经济利益共同体,在推动员工成长幸福的同时实现管理出效益的企业追求。

 企业简介

始创于 1986 年的奥克斯集团,产业涵盖家电、电力设备、医疗、地产、金融投资等领域,连续多年位列中国企业 500 强。先后荣获"国家级知识产权示范企业""国家知识产权优势企业""国家高新技术企业""国家技术创新示范企业"等荣誉称号,是两化融合管理体系贯标示范企业,并获得"国家科学技术进步奖""行业唯一的品质标杆奖""节能减排科技进步奖",还分别被评为"2016年度全国政府采购民用空调最具满意度品牌""全国就业与社会保障先进民营企业"。

奥克斯集团旗下拥有2家上市公司（三星医疗601567、奥克斯国际02080），为国家认定企业技术中心、国家级技术创新示范企业和博士后工作站常设单位。持有奥克斯、三星两个享誉全球的知名品牌，品牌价值超320亿元。奥克斯集团拥有十大制造基地：宁波（3家）、南昌、天津、马鞍山、郑州（在建）、巴西、印度尼西亚、泰国（在建）。奥克斯空调位居行业第三，智能电表、电力箱位居行业第一，在建和运营医疗机构21家。

奥克斯集团坚持"精确、高效、务实、简单""机会来自业绩"的价值观，在发展企业的同时，奥克斯集团也积极履行社会责任，鼓励和支持员工通过志愿活动来回报社会，多年来，累计为教育、赈灾、环保等公益事业捐款2.98亿元。

面向新的时代，奥克斯秉承"创领智能生活，培养优秀人才"的企业使命，力争让奥克斯成为世界品牌，实现"千亿市值、千亿规模、百亿利润"战略目标，立志成为世界著名企业。

 建设幸福企业的指导思想

一、奥克斯集团董事长的理念

"人对了，企业就对了。"在奥克斯集团董事长郑坚江看来，人才决定着企业的发展与未来，如果把企业的运行比作一部机器，那么人才就是推动机器运行的源动力。"做好企业，更要善待好员工，让员工开心，让大家在奥克斯不仅收获财富，更得到成长发展。"这是奥克斯集团董事长郑坚江经常挂在嘴边的话。"企业更大的责任在于培养人，造就一大批为事业奋斗终生的精英，将精英智慧转变为社会财富。"在郑坚江看来，育人是企业家的崇高使命。奥克斯集团把员工幸福作为企业的主要目标之一，同时通过"人才、管理、产品"三大领域的精耕细作，大大提升了人力资源效能，取得了巨大成功。

二、幸福企业建设的整体思路

奥克斯集团的企业使命是创领智能生活、培养优秀人才。企业的发展需要依靠优秀人才，优秀人才要在创新实践中发现、在创新活动中培育、在创新事业中凝聚。人才是创新的根基，企业拥有什么样的人才，就有什么样的创新产品。奥克斯集团将"创业精神、工匠精神、企业家精神"不断传导到每个管理者、每个员工身上，将三大精神锻造成为价值文化的一部分，激发人才的内驱力，让员工得心应手、创造价值、实现自我。员工在研发创新、生产经营上不断创造出卓越业绩，既为公司赢得了声誉，也为自己带来了更大的幸福，充分诠释了"员工幸福—企业幸福—员工幸福"的幸福之链，因而走出了员工与企业和谐共生的幸福发展之路。

幸福是人们对于生活状态的正向情感的整体认知，又被称为主观幸福感。尽管员工的幸福感必然受其工作之外的生活状态的影响，但在企业层面，员工的幸福感主要指的是员工对于其工作状态的主观感受。这种感受仍然是整体性的：一方面，员工需要完成工作，完成工作中的各项激励机制会影响员工幸福；另一方面，员工在企业的组织中工作，组织的管理形态也会影响到员工幸福。由此，奥克斯的幸福管理分为员工幸福管理和组织幸福管理。

员工幸福管理指企业在给予员工一定的财务回报的基础上关心员工的职业生涯的发展，通过价值认同和文化管理让员工感受到价值与意义，在有效能的工作中体验幸福感。组织幸福管理指企业需要构建积极的组织系统，在营造公平效率、重视人才的组织氛围的同时找到科学做事的方法，为员工提供有效的绩效帮助，使员工始终处于有利的工作环境中，获得积极的正向体验。

 建设幸福企业的具体举措

一、奥克斯集团幸福企业建设的缘起

奥克斯集团董事长郑坚江小时候家里条件很差，其父 36 元的月工资要承担 6 个人的生活。那时候，半根油条蘸蘸酱油，沾点油气，要吃上一个礼拜的泡饭。当时的生活现在看来是难以想象的，也正是这样的环境，磨炼了郑坚江不怕吃苦的韧性。其实郑坚江创业时的愿望十分简单，就是向往美好的生活，希望能过上有电视机、电冰箱、自行车的日子，所以他抱着初生牛犊不怕虎的态度，想去闯一闯、奋斗一番。

1986 年春天，宁波开始推行企业承包制时，郑坚江毛遂自荐，承包了钟表零件厂。1989 年，郑坚江成立了宁波三星仪表厂，正式跨入仪表制造业。1994 年，郑坚江开始瞄准当时属于奢侈产品的空调行业。目前，奥克斯集团已经开始了一系列的战略转型，包括思想转型、产业转型，但其始终不忘初心。

做事先做人，万象根因皆是人，奥克斯集团走到今天的背后凝结着员工的心血、智慧和辛勤付出，员工是奥克斯集团最宝贵的财富。奥克斯集团历来高度重视和充分调动"人"这个生产力中最基本、最重要的因素，激发人才内驱力，实施"超预期管理"。让员工在奥克斯集团感受到最大程度的尊重和关怀，让员工开心工作、快速成长，让工资、奖金、福利达到甚至超过员工预期，让员工爱上学习，不断积累知识、智慧，拥有成就感，过上幸福快乐的生活。

二、奥克斯的员工幸福管理

"人对了，企业就对了"，这是奥克斯永恒的信念。奥克斯集团的成功就在于培养了一大批肯苦、巧学、有潜质的人才，企业人才管理的目标是培育精英，打造人才柔性流水线。奥克斯集团不断探索、不断总结，形成了识育用人的规范体系，其中包括三大主线：员工开心满意、要人随便挑、业绩提升快。在这三大主线的指引下，奥克斯集团持续加大激励力度，员工收入大幅提升，好评率屡创新高，营造了公正、透明、阳光的氛围，让更多员工看到希望、充满动力、体验幸福。

（一）当好老板，让员工开心满意

奥克斯集团历来高度重视并充分调动"人"这个生产力中最基本、最重要的因素，激发人才内驱力，实施"超预期管理"。"多拿奖金是贡献"在奥克斯集团早已是不成文规定。自 2016 年"人才百亿工程"推动以来，奥克斯做了一系列的体系建设工作。

员工收入每年必须提升 5% 及以上，奖金、激励额的发放必须达到预算的 85% 及以上。在这样的氛围下，全集团人均收入提升连续 3 年超过 8%，2017 年达到 9%，全年薪资发放 19.1 亿元，过程激励发放 4.4 亿元，激励使用率高达 99%，即使最低的单位也达到了 86%。同时，每年加薪时，都会对员工本人进行调研，了解他们的预期，最后超预期实现。

而创新机制更为关键，用好的机制实现人人当家做主。3 年来，奥克斯完成 5 次股权激励，7 个合伙人项目，还有 6 个项目即将启动。将企业的经营成果与中高层核心科技、管理人才共享，收入千万元甚至上亿元的人才不断出现。

此外，奥克斯集团投入上亿元资金为员工新建公寓和职工之家，1500 万元捐建幼儿园，3000 万元更换 40 辆班车。集团十余年坚持免费上下班接送、春节包车接送员工回家，为员工提供就医补助、购房优惠及免息贷款，开展爱心基金精准扶贫以及丰富多彩的文化活动，互动式沟通、多渠道关爱，大大提高了员工的幸福指数。

（二）融育精英，助力要人随便挑

让大家收获物质财富，更重要的是给大家学习成长发展的平台。奥克斯集团将"培养优秀人才"写入企业使命，不断夯实人才体系建设，拥有识人标准器、育人发动机、用人模拟器三大人才武器，让识人、育人、用人都有了规范和工具的支撑。为牵引人才快速成长，特别设置 1 亿元的传承奖，最高奖额可达 100 万元/人。清晰可见的晋升标准，技术管理双通道的培养机制，轮岗、后备人才梯队等培养模式，让员工能明确规划自己的成长路径，一看就明白，一看就行动。

在奥克斯集团有一名 2016 年毕业的硕士研究生，作为管培生经过 17 个月便从刚毕业的大学生成长为上市公司人力部门负责人。正是奥克斯这种公正、透明、阳光的用人氛围，快用"新人、能人、有潜质的人"的用人理念，使有本事的人得到重用、快用，优秀人才在规范体系下茁壮成长，成就卓越。

奥克斯集团还将育人作为考核管理干部的一项必备条件，下属晋升，直接领导就能拿奖励。内部师带徒氛围浓厚，在每年的集团人才大会上，均会有多位高管带着各自的徒弟，分享育人和自身成长的经验和感受。

肯苦、巧学、有潜质，简单的几个词勾勒出奥克斯集团对精英的基本要求。随着奥克斯集团人才厚重度的持续加强，逐渐拥有了一批高度认同核心价值文化的狼性团队。集团最高层的经营会上，大家争相发言，展现出来的是成长赋予的底气。

（三）人才强企，促进绩效提升快

国以才立，业以才兴，人才是企业发展最核心的竞争力。为支撑产品创新，通过 3 年时间，奥克斯集团共引进国际国内核心人才 300 多名，全力投入智能前沿技术和新品研究，重点解决消费者痛点，研发高附加值产品。现已在静音技术、低温高热技术等方面拥有专利 3085 项，智能化产品占比超过 60%。与此同时，奥克斯集团将"创业精神、工匠精神、企业家精神"三大精神锻造成为价值文化的一部分，激励全员形成"创业创新"氛围。

1. 突破传统用人体制壁垒

"80 后"员工冷冷，自 2003 年毕业进入公司后，通过董事长郑坚江的"言传身教"，以及"轮岗制"的不断磨炼，从中层岗位连升三级，成长为企业高层。在奥克斯集团，像这样"能者上"的例子不胜枚举。如何让人才发挥更大能量？奥克斯集团给出的回答是，给人才一个公平公正的从业环境，即打破传统企业中所谓的论资排辈、按部就班规则，在人力资源获取的模式选择上采取多元化战略，树立"移民部落"新理念，不问地缘、血缘、亲缘，只要有才能，就能获得足够大的发展空间。

现在，人才被奥克斯集团定位为"三大百亿工程"之一，在郑坚江看来，人才的价值高达百亿元。奥克斯为此特别设立 1 亿元"传承奖"，让人才真正感受到被重视、被尊重。

2. "人才池"激活企业发展

为了"主动造血"培育人才，奥克斯集团在 2014 年提出了"人才池"这一概念，把好的人放到池子里来，并有针对性地制定不同的培养计划和方案。一旦有重要岗位出现空缺，就能从"池子"中选择合适的人才。对"池子"中的人才实行短期、中期、长期不同的激励制度，不断开发人才潜力，促使人才不断成长，也是奥克斯集团的特色模式。

短期激励以"月"为单位，最具代表性的是分厂承包制。基层分厂厂长通过引进能够提升效率和品质的机器设备，节省下来的资金就是激励奖金；中期激励以"年"为单位，每个事业部完成预算目标之外的效益部分越多，提成就越高；长期激励则包括项目跟投、股权激励、原始股等"大手笔"奖励方式，集团旗下每家公司都有不同的长期激励计划。"激励奖金都是员工薪资之外的奖励，而且'强制'执行。"集团人力资源副总监熊裕泽说，以2016年为例，集团人均收入同比增长7%，奖金发放达到4.4亿元。

三、奥克斯的组织幸福管理

被大众视作成功企业的奥克斯集团，对企业的经营规律有着清醒的认识，其管理者坚持认为：世界上没有永不凋谢的花朵，也没有长盛不衰的企业。作为企业家，唯有不断地反思总结、居安思危，保持清醒头脑，才能尽量延伸企业旺盛的生命周期，为员工幸福提供保障。所以，在奥克斯集团，管理者带头遵行"艰苦创业本色不能忘、高效务实作风不能变、管理创新意识不能丢"的理性管理理念。在这种理性思维下，奥克斯集团寻找并打造属于自身的核心竞争力，是一种带领员工走向幸福的责任感的必然，同时也把一个个机遇转化为发展的一级级台阶，让企业的发展更具前瞻性。

（一）走向世界的企业核心竞争力

奥克斯集团把在实践中提炼的企业核心竞争力归结为一个核心、三大机制、四大能力所构成的八大要素，即"1+3+4"模式的企业核心竞争力。奥克斯企业核心竞争力是其发展、壮大并走向世界的基本支撑力，也是解读奥克斯幸福发展的重要因素。所谓一个核心就是奥克斯的文化理念，它是奥克斯的灵魂，核心思想就是"一切按经济规律办事，一切按有理服从原则办事，一个以提高企业效率为中心的企业风格"，它使企业的基本理念最终回到"以人为先，诚信为本"的现代企业立业思想上来。

所谓三大机制就是奥克斯集团的基本管理风格，即决策机制、激励机制和效率机制。企业管理的成功来源于科学的决策、有效的激励，而决策是否科学，激励是否有效，又取决于企业效率，建立配套的效率考核机制成为评价企业决策和有效采取激励措施的根本手段，奥克斯集团的三大机制从体系上完成了企业管理的基本过程。所谓四大能力则是奥克斯集团的基本经营理念，即创新能力、成本控制能力、资源整合能力和信息化运作能力，这四大能力贯穿于企业经营管理的全过程，成为奥克斯成长的重要动力源。

（二）特色企业文化

企业文化是一种理念、一种价值观，属于精神层面，它只有转化为员工和组织的自觉行为才是有价值的。奥克斯集团企业文化的特色不在于它的成功提炼和准确表述，也不在于它的员工和企业本身的较高接受度，而在于它在实际操作中的可行性。在奥克斯集团的企业文化中，"一切按经济规律办事"就是用经济的手段去激励员工的工作热情，用经济的手段去规范员工的行为，企业运作中的产品质量、成本、管理效率以及人才的引进乃至后勤服务最终都量化为具体的经济指标，转化成一定数量的"钱"，奥克斯集团的实践也表明这种"经济人"思想的合理运用是当前市场经济条件下在一定时期内企业管理的合理选择。

"一切按有理服从原则办事"就是用制度来约束管理者的行为，用制度来构建全员化的创新竞争平台。领导者、管理者的威信来源于自身的学识和办事成功的概率，奥克斯集团提倡有理服从，拒绝武断和强压，在实际工作中充分发挥员工的积极性和创造性，"一切以提高效率为中心的企业风格"就是用管理工具来确保效率的最大化。

（三）以人为本的党建工作

企去人则止，企高人为峰。30多年来，奥克斯集团党委始终坚持以人为本，秉持先锋、活力、绩效、品牌和幸福的理念，积极探索实施"人本党建"模式，着力引导人、凝聚人、培育人、提升人，不断激发人最积极的因素，将人才锻造成集团跨越发展的制胜法宝，实现了人的全面发展、企业健康发展和社会和谐发展的有机统一。

企业的发展最根本最重要的是人才，在人才这块，关键是要凝聚人心，员工要开心满意。党建工作为企业发展搭建了一个新平台，它与企业发展有机结合后，对调动员工积极性上有很大作用。企业成功的关键在于人，而做好人的工作恰恰是党组织的优势所在。

在奥克斯集团，党建工作凝聚人心主要从三方面展开：一是引导员工树立正确的价值观、人生观。培养员工热爱祖国、热爱党、热爱企业，让员工在企业里得到成长、有幸福感，提高员工的精神素养。二是为员工提供良好的发展平台和成长通道。通过创造健康机制，制定完善的用人育人、绩效考核和党内晋升机制，使广大员工综合素质得到提升，使得人尽其才、才尽其用，让员工有成就感。三是通过出台系列关爱员工的政策，如免费班车、免费体检、带薪休假等，让员工有家的温暖感，感受到安心和幸福。

（四）成功的数字化管理

管理模式的创新，也是幸福企业保持核心竞争力的重要方面。IT 是数字化转型的基础，是管理的灵魂与核心，是复杂问题简单化、释放一把手精力的好工具。奥克斯集团独特的 IT 方法论在业界广为人知。2016 年，奥克斯集团将 IT 上升到三大百亿工程之一，迈开了数字化转型的步伐。"百余个项目全面启动，参与人员超过千人，抓好品质底线，活用方法工具，强调将精细规范植入到工作流程，用流程节点实现 '一夫当关万夫莫开，一节点当关万错不能'，用 IT 工具把管理装进口袋，让管理可视化"。通过 IT 建设的一系列规范动作，沉淀有用数据、挖掘数据价值，让数据成为决策的根本依据，形成人人看数据、人人懂数据、人人用数据的数据文化。

"规范体系和方法工具"是奥克斯人深深牢记的两个概念。规范体系可以让新员工更快地融入新工作，方法工具则可以让员工提高工作效率，人人成为 IT 问题专家，就可以使复杂问题简单化，简单问题规范化，规范问题 IT 化，让员工有更多时间学习、思考和创新，从而在工作中占据主动地位，在实现自我价值的过程中获得幸福。

（五）企业内部的联产承包制

奥克斯集团在企业内部，大到公司、分厂，小到车间、食堂、招待所、电梯、汽车、交通费、办公费、电话费、电费及所有提供生产服务和单一专业性强的设施，凡能实行承包的都必须实行承包，凡能计算定额的均实行定额核算，凡能责任到人的坚决定位到人。

奥克斯集团的企业内部联产承包制使员工树立一切开支与自己的收入有关的理念，让承担具体工作职责的人直接掌握经济权力，推行面对面的近距离服务，消除管理盲区和死角，员工节约意识明显增强。同时通过经济激励的手段，最大程度地发挥每个人的创造潜能，提高了员工积极性和设施利用率，使整个企业的生产经营都体现出既高效快捷、充满生机活力，同时又能够规范有序的工作氛围，将企业、管理者、员工结成牢不可破的经济利益共同体。在这个经济利益共同体里，员工既是利益的创造者，又是利益的分享者，通过运用经济价值的原理，奥克斯实现了企业与个人的"双赢"局面。

幸福企业建设的成效

奥克斯集团持续加大激励力度，员工收入大幅提升，好评率屡创新高，通过"三大人才武器""1亿元传承奖""晋升标准""师带徒机制""潜质模型""经历模型""人岗PPT"等一系列规范体系，进行精准精细管理，实现人越换越好，营造了公正透明阳光的氛围，让更多员工看到希望，充满动力，感到幸福。在这些规范体系下，形成了竞聘抢报名、开会抢话筒、培训抢名额、项目抢机会的氛围。

奥克斯集团倡导并营造了"公正、透明、阳光"的组织环境和"开放包容、奋发向上"的人文环境，每一位奥克斯人都必须做到"尊重客观事实，积极发现问题，勇于承担责任，确保信息透明传递"。在奥克斯集团广阔的发展平台，每一位员工都有平等的发展机会、包容的空间和成长的时间。奥克斯集团对每一位优秀人才给予充分信任、责权匹配，让员工当家做主，真正成为大家共同的事业平台。

未来5年，奥克斯集团将再次转型，规划"预算""人才""IT"三大百亿工程，将把奥克斯集团建设成为拥有国际化竞争力的品牌，奥克斯集团对"人才"的重视程度可见一斑。对此，奥克斯集团内部发明创造识人用人的三大人才武器、两大人才工具，并设立了1亿元传承奖，而奥克斯商学院的成立将向经销商传输更多内部的文化、更有内涵的商业理念等。奥克斯商学院的成立不仅仅与各大合作伙伴建立常态分享机制，同时也为奥克斯集团幸福发展提供更多支持力量。

 经验借鉴

纵观奥克斯集团的发展历程，它其实已经跨越了物质资本的稀缺阶段，在新经济条件的推动下，为适应新的形势任务，通过开展组织内幸福管理工程，切实提升员工幸福感，以内生动力推进发展方式的转变，既是奥克斯集团这类创新型组织提升核心竞争力、保持发展优势的迫切需要，也是实现长远发展、建设优秀创新型组织的必由之路。通过对奥克斯集团幸福企业管理的分析和研究，其幸福管理实践确实有许多值得效仿和推广的经验。

一、确立科学的具有前瞻性的人才观

奥克斯集团董事长郑坚江提出"人对了，企业就对了"这样一个基本的关于人才的观点是具有战略意义和时代眼光的。一方面它是奥克斯集团发展经验的基本总结，另一方面也是奥克斯集团确立未来发展战略的基本依据。正如奥克斯总裁郑坚江先生在《奥克斯报》发表新年致辞所说的那样，"奥克斯越发展就越不是一个人的企业了，这个舞台属于大家！属于每一个有才华的奥克斯人！"而奥克斯集团把"以人为本，诚信立业"的企业宗旨改成"以人为先，诚信为本"后，郑坚江认为就是要强调在奥克斯集团的未来发展中，"人才"是关键核心的问题，人用好了，企业就对了，这是真话，也是真理。在郑坚江的带领下，奥克斯集团所取得的成功确实也证明了"发展是硬道理，人才是关键"这个真理。因此，确立一种科学的具有前瞻性的基本人才观，既可以为企业的发展建立科学的人才战略，也能为企业催生和营造出引才、识才、重才和容才的企业文化氛围，最终形成企业发展的持久竞争力。

二、"理性经济人"思想的合理使用

西方经济学理论用"理性经济人"的前提假设构建了其理论大厦，但是实践表明，把每个人的行为准则都看成是追求约束条件下自身效用的最大化有其历史和理论的局限性。尽管如此，在现代社会，人类行为在追求其他社会目标时，不忽视对自身效用最大化目标追求的社会环境还是没有根本改变。奥克斯集团巧妙地运用了西方经济学的这一基本思想，用"一切按经济规律办事"进行了重新诠释，并在具体的人力资源管理实践中简化为"一切听人民币的"，为此还建立和完善了一整套奖惩制度和承包制度，使"人民币"真正成为计量企业运作中员工行为的数量和质量的基本单位，效果十分明显。这其实也反映出，在我国社会主义初级阶段的一定时期内，经济利益这根杠杆仍然是调节企业员工行为的最基本工具。

三、参与式管理是实现员工幸福管理的合理方法

我国民营企业采取家族经营和家族控制的比例超过 80%，由于我国社会

中普遍存在的信任资本不足的现象，家族经营的一个重要特点就是采取内外有别的管理策略，家族以外的人员（职业经理人）参与企业管理的范围不充分或者受到诸多限制，从而制约了家族制民营企业的成长。Z 管理理论的基本思想之一就是倡导上下结合的决策和员工参与式的管理，这与新经济条件下企业内部管理的要求相符合。奥克斯集团通过制定一系列较为成熟和合理的管理措施，诸如"合理化建议奖"制度、"员工直选"制度以及管理信息化等，拓宽了企业中的各级管理者（职业经理人）和各类员工直接参与企业管理的渠道和机会，提高了管理的透明度，也增强了企业主和员工之间的互信度，使得企业的整体管理，特别是对员工本身的管理更能获得支持和理解，从而全方位调动员工的积极性和创造性。

四、充分运用现代技术条件提升幸福企业人才管理水平

能否有效地利用以信息技术为代表的现代技术条件是衡量一个企业经营能力、经营水平的重要标准。奥克斯集团是我国为数不多的成功进行信息化建设的民营企业，它通过引进德国 SAP 公司的世界最先进的信息化管理软件在公司成功实施了 ERP 工程；OA 系统也在各部门、分厂全面上线。管理系统中各个模块的使用与开发，可以更有效、更便捷地整合和配置企业的物质资源和人力资源，也强化了企业内部信息资源的共享。另外，由于网络架起了员工与员工之间、员工与企业主之间沟通的桥梁，在缓解人与人之间直接交流可能产生冲突的同时，也加快了人与人之间信息沟通的速度和广度，并在一定程度上也简化了人力资源管理程序，提高了企业的人力资源管理水平。

五、人力资源获取的多元化保证了企业获得优秀人才

我国民营经济的快速发展使得企业对人才的需求急剧增长，在人力资源市场上，企业人才特别是高层次企业人才的供给已明显不足，以民营经济较为发达的浙江为例，职业经理人的缺口为 15% 左右。奥克斯集团敏锐地洞察到国内人力资源市场的现状，因而在人力资源获取的模式选择上采取多元化战略，树立"移民部落"新理念，在打破人力资源获取的"地缘、亲缘、血缘"传统束缚之后，在地域上立足国内，放眼世界，在用人标准的选择上注重德才兼备，最终使企业能够源源不断地获取到企业发展所需要的合格人力

资源，特别是高级人力资源，实现了企业的跨越式发展。

本篇启发思考题

1. 如何在企业层面理解员工幸福感的整体性？
2. 什么是员工幸福管理？
3. 什么是组织幸福管理？
4. 创新型组织如何进行幸福企业建设？

资料来源

［1］奥克斯集团官网，http：//www. auxgroup. com/。

［2］奥克斯微博，https：//weibo. com/auxair。

［3］《郑坚江：与时代共脉动》，《东南商报》，2018 年 11 月 16 日，http：//daily. cnnb. com. cn/dnsb/html/2018-11/16/content_1136720. htm？div=0。

［4］《奥克斯构筑人才强磁场的"四字经"》，鄞州新闻网，2020 年 1 月 7 日，http：//yz. cnnb. com. cn/system/2020/01/07/030115247. shtml。

［5］《奥克斯董事长郑坚江：人才是企业创新发展的源动力》，人民网，2019 年 9 月 3 日，http：//homea. people. com. cn/n1/2019/0903/c41390-31334717. html。

［6］《三年引进国内外核心人才 300 多人 解码奥克斯的人才体系》，浙江新闻，2018 年 9 月 26 日，https：//zj. zjol. com. cn/news/1039364. html。

［7］《奥克斯 3 年 30 亿用于产品创新 以创新打造企业核心竞争力》，新浪财经网，2019 年 8 月 30 日，https：//finance. sina. com. cn/stock/relnews/hk/2019-08-30/doc-iicezueu2316353. shtml。

［8］《走进奥克斯王国，走近郑坚江》，中国分布式能源网，2018 年 3 月 14 日，https：//www. baidu. com/link？url=tYs2NZ8w0FL14_vjhE7mCG4Dn Vc-FLr6Ol2KyjYB7Z_0yBVDceLtcYQP7SVuyAh8AJKB1PnomsbFlvj-yNz_SGa&wd=&eqid=c7d8769d000d5eb5000000045eb6759d。

参考文献

［1］胡孝德. 人力资源管理案例集［M］. 杭州：浙江大学出版社，2014.

［2］丛龙峰. 员工幸福管理的三角框架［J］. 中国人力资源开发，2012（8）：27-33.

［3］曲庆，富萍萍. 苏州固锝：幸福企业建设的中国范本［J］. 清华管

理评论，2019（6）：108-114.

　　［4］叶明，龙静．创新型组织人才幸福管理研究［J］．科学管理研究，2013（4）：78-80+89.

　　［5］穆胜．新效能型幸福企业［J］．北大商业评论，2014（2）：62-71.

　　［6］于昊．先行于时代，奥克斯做到了什么？［J］．电器，2018（9）：28-29.

　　［7］于昊．奥克斯喊出了"史上最嘹亮"的口号［J］．电器，2019（1）：55.

　　［8］于昊．奥克斯再升级，这一次彻底深化"互联网"［J］．电器，2017（11）：64-65.

　　［9］吴勇毅．网批之下爆红的奥克斯，能否成为家电企业突围的新路径［J］．销售与市场·管理版，2020（4）：95-97.

第八篇
娃哈哈集团：33年年夜饭，员工都哈哈

胡孝德　　董　悦*

　　企业的长期发展必然离不开员工，不但要能做到和员工一起共享成长的硕果，还要和这个社会一起共享财富。

——宗庆后

娃哈哈集团董事长

案例导读

图片来源：娃哈哈集团官网。

　　有这样一家企业，从创业到现在，企业的规模越来越大，员工的人数越来越多，企业老板对员工的那份温情却一直未变：每年春节前，老板再忙都要抽出时间和留守外来青工一起吃顿年夜饭，为员工送上新春红包，这个传统已经持续了33年。这个公司就是娃哈

　　* 作者简介：胡孝德（1966-），男，河南固始人，博士，浙江财经大学工商管理学院副教授。研究方向：人力资源管理、企业社会责任。邮箱：hxdnx@ 126. com。董悦（1998-），女，安徽六安，浙江财经大学工商管理学院研究生。研究方向：人力资源管理。邮箱：351466423@ qq. com。

哈，做一件事不难，难的是坚持做好这件事。33 年的坚持背后，一个幸福企业的形象便跃然纸上。

宗庆后说："企业履行社会责任，首先要对自己的员工负责，只有不断提高员工的收入，才能让他们获得更多幸福感，才能实现员工安居乐业梦"。正是基于这样的认识，娃哈哈奉行"凝聚小家，发展大家，报效国家"的"家文化"，并形成了一套具有娃哈哈特色的"五位一体"文化体系，把创造就业、善待员工、支持社会公益事业等纳入企业的发展战略之中，凭借对员工无微不至的关怀以及对社会的积极奉献得到了外界的高度认可。

关键词：家文化；年夜饭；"五位一体"党建文化体系

 前言

2020 年 1 月 20 日是农历腊月二十六，娃哈哈集团 2020 年新春青工团拜会在杭州举行，33 岁的娃哈哈迎来了它的第 33 顿年夜饭。

一大早，娃哈哈下沙基地就充盈着满满的年味，由俊杰仓库改建的"俊杰大酒店"被装点得喜气洋洋，170 张餐桌上摆满了饮料、水果、炒货和冷盘儿。数千名员工陆续进场，脸上写满了激动与期待。11 时 30 分，在热闹的锣鼓声中，娃哈哈"大家长"宗庆后抵达俊杰大酒店，宗馥莉也来了，父女俩一起向每一位辛勤劳作的娃哈哈人表达谢意，不仅现场派发大红包，还给每位员工都发了一条钻石项链。

这一幕，只是娃哈哈打造幸福企业的一个缩影。33 年来，娃哈哈的年夜饭从未缺席，让员工们在寒冬里感受到了来自企业的关怀和温暖。至于操办年夜饭的成本，宗庆后觉得，这不算什么。"企业办得好是为国家做贡献，也是让员工生活越来越好。"为了和员工分享企业成长的果实，在年夜饭之外，娃哈哈还为员工加工资、增发年终奖，并帮助员工实现安居乐业的梦想，解决住房问题等。在年后有的企业面临用工荒的时候，娃哈哈的返岗率却可以达到 97% 以上。娃哈哈一直奉行的"家文化"——"凝聚小家，发展大家，报效国家"，这是留住员工的一大法宝。娃哈哈关注员工的方方面面，入职后，不管是工作上还是生活上都有相应的贴心福利，在职业规划上给员工创造了更大的发展空间。对员工而言，公司宛如一个港湾，时刻温暖着他们。

企业简介

娃哈哈集团成立于1987年，前身为杭州市上城区校办企业经销部，公司从3个人、14万元借款起家，现已发展成为中国知名的饮料企业。娃哈哈目前在全国29个省市建有58个基地150余家分公司，拥有总资产300亿元，员工30000余人。33年来，公司以一流的技术、一流的设备，一流的服务，打造出一流的品质，先后投资100多亿元从美国、法国、德国、日本、意大利等国引进360余条世界一流的自动化生产线，主要生产含乳饮料、饮用水、碳酸饮料、果汁饮料、茶饮料、保健食品、罐头食品、休闲食品8大类100多个品种的产品。

娃哈哈除食品饮料研发、制造外，同时有2个精密机械制造公司，自己设计开发、制造模具和饮料生产装备，另外还有印刷厂、香精厂。公司近年开始向菌种、酶制剂、机电等高新技术产业发展，目前已形成自己的菌种资源库，并成功自主开发了串、并联机器人、自动物流分拣系统等智能设备，成为食品饮料行业具备自行研发、自行设计、自行生产模具、饮料生产装备和工业机器人能力的企业。

33年励精图治，自强不息，缔造了娃哈哈在饮料行业难以撼动的市场地位，也使娃哈哈收获了"十佳中国大陆卓越雇主品牌企业""人民社会责任奖""中国最受尊敬企业""中国全面小康十大贡献企业""胡润企业社会责任TOP50""中华慈善奖"等众多荣誉。娃哈哈秉承"健康你我他，欢乐千万家"的企业宗旨，为企业谋发展，为员工谋福利，为社会创价值。

建设幸福企业的指导思想

宗庆后说，"企业的长期发展必然离不开员工，不但要能做到和员工一起共享成长的硕果，还要和这个社会一起共享财富。""企业和员工、和社会永远是紧密联系在一起的。一个员工有了满意的收入，可能意味着一个家庭的幸福生活；而一个有社会责任感的企业，一定会为整个社会的和谐加分。"

在这样朴素思想的指导下，娃哈哈坚持"员工为公司创效益，公司为员工谋福利"的基本理念，建立"一个尊重、两个维护、三个同等、四个提高"公司发展体系，即充分尊重员工；维护员工的合法权益和合理需求；倡导所有员工享有同等福利待遇、同等参与权和同等发展权；不断提高员工薪资待遇、综合素养、生活品质和快乐指数的和谐机制，与员工共享企业发展成果，为提升员工幸福感尽心竭力。同时，娃哈哈始终弘扬"产业报国、泽被社会，让爱无所不在"的公益理念，积极投身各类社会公益事业，与社会共享财富。

 建设幸福企业的具体举措

一、奉行"家"文化，让员工都幸福地工作、生活

娃哈哈奉行"家"文化，即通过照顾好员工这个"小家"，依靠全体员工的努力来发展企业这个"大家"，在凝聚"小家"和发展"大家"的基础上，竭尽全力履行社会责任，报效国家。

（一）分住房，为员工建"小家"

娃哈哈实行阶梯式的员工住房政策，共为员工解决住房2000多套，并按照工龄、级别给予员工购房补贴。为了解决已婚外来员工的安居问题，企业在浙江海宁、四川成都、山东潍坊、新疆阿克苏、天津等地建起了千余套70~100平方米的廉租房，统一装修后，廉价租给已婚的外来员工居住，让广大员工安居乐业、无后顾之忧。

宗庆后认为，企业就应该急员工之所急，想员工之所想，企业让员工无生活之忧，员工就会安心工作，企业就会平稳发展。为了让员工安心为企业工作，多年来，宗庆后一直致力于解决员工的住房问题，从早期的房改房，到后来的经济适用房，再到后来的廉租房和集体宿舍，娃哈哈员工一直享有在其他企业少见的住房待遇。为什么要给员工分房福利，宗庆后充分体现出其单纯的"大家长"作风："让员工有一个家，是我一直在努力做的事，尤其房价这么高，员工生活压力大，企业就更不能不管。"

对30年前杭州的普通人来说，能在这座城市拥有一套属于自己的房子，是梦寐以求的事。那时能买得起房的"万元户"，可以算是绝对的财力象征。而刚起步的娃哈哈的普通员工，却很快就有了属于自己的一套房。大家住进去后，宗庆后还到每家每户"视察"，看看这家的采光，看看那家的格局，就如同家人般操心着员工的住房问题。

娃哈哈工会主席叶峥说："全国像这样为员工提供住房福利的企业是很少的，我们的员工基本上都有房子，我那时候买 133 平方米的房子才交了 4 万多块钱，宗总当时说：'你要是在娃哈哈服务的时间久，这房子就可送你，若是你要走，就把房子还给公司，公司也会把你交的钱退给你，你想要房子也可以按照国家相关规定补上其中的差价。'但是几乎很少有人走，大家都愿意跟着宗总做。"分房只是让员工分享企业发展成果的一种方式，尽管简单朴实，但成效很好，因为它切中了广大员工生活的难点、焦点。

（二）春节慰问，为员工温暖"小家"

每年春节前的"年终奖"都是人们所关注的大事记之一。根据腾讯发布的《2018 年终奖调查报告》，超五成受访者表示，2018 年获得的年终奖与 2017 年几乎持平；只有 20.2% 的受访者认为，2018 年年终奖比 2017 年有所增加。而娃哈哈的员工就很幸运地成为了那"少部分人"。2018 年娃哈哈部门外来青工和外地员工人均年收入同比增幅超过了两位数。而考虑到物价上涨的因素，宗庆后还给老员工在原有年终奖的基础上又进行了补贴。有人看到娃哈哈一位财务人员在发朋友圈"吐槽"，"今天花了几个亿，一下子花这么多钱，还真挺累的！"有这么一位豪气的老板，让员工在寒冬里很是感动。

娃哈哈集团不仅仅是对在岗在职的员工照顾到位，那些有困难的、外派的以及离、退休干部更是娃哈哈过年关注的重中之重。娃哈哈一年一度的"新春送温暖，情系娃哈哈"的慰问活动从 2010 年开始开展以来，一直持续到了今天，已经慰问员工超过 5000 人，慰问金额近 300 万元。

（三）全员持股，与员工共享"大家"发展成果

1999 年 11 月，娃哈哈正式改制成立持股会，并制定明确章程：新员工入职一年以上，就有资格申请购买股份持股；晋升职位后就按职位所对应的持股量确定额度，同股同酬；等到员工退休或者辞职，将当初交的钱都归还给员工。

股份制改革对于员工来说是一件他们不熟悉的新事物，但很多员工都选择相信宗庆后，积极入股。有些员工拿不出钱，宗庆后为了解决这部分员工想入股但缺乏资金难入股的问题，做了很多暖心的举措，如预发季度奖和年终奖给员工，帮助员工顺利买到企业的股份。

2000 年之后，娃哈哈实现了全员持股。2005 年，娃哈哈更是打破身份界

限，让外来务工人员与娃哈哈正式员工一样拥有公司的股份，实现同工同酬，按贡献分配，建立起一个面向全体员工的利益分享机制。

在宗庆后看来，只有把个人利益和企业利益联系在一起，才会真正调动员工的积极性和责任心。按照员工的技能、贡献分不同等级分别来制定持股额，这也激发了员工不断努力和进步，对企业经营和管理都大有裨益。

二、为员工提供广阔的成长空间

（一）强调公平，保障员工职业发展道路通畅

娃哈哈重视每一位员工的成长，将员工在工作中获得的经验、专业能力的提升作为企业管理提升的一项重要指标，通过制度建设和人文关怀，刚柔并济地设计每位员工的职业生涯规划，并助以实现。公司建立多通道的员工任职资格管理体系、干部晋升淘汰机制、内部人才市场等机制，确保员工可以在自己感兴趣并擅长的专业领域做出业绩贡献，在获得认可的同时进行公平竞争，凭能力晋升，按贡献取酬；系统实施各项专题培训和"长青计划""星火计划"等各层次人才梯队建设，每年投入数千万元，打造"精准""无缝""多方位""有用"的工作学习生态圈，激发员工内驱动力；为员工配备职业生涯导师、领导教练，将员工发展成为业务伙伴和变革推手。

宗庆后经常召开新职工座谈会，在平时的会议、活动中不断关注员工的思维逻辑和能力素养，只要员工有能力就能很快被提上去任用，所以，年轻人在娃哈哈升职很快。在娃哈哈快速扩张期间，每年要同时建多个生产基地，上多个项目，宗庆后大胆起用大学毕业没几年的年轻人独当一面，担任生产基地建设的负责人，拥有调动几亿元建设资金的权利。事实证明，年轻人受到高度激励，会拼命工作，圆满完成各项建设任务，同时，娃哈哈也培养和锻炼了一支优秀的管理队伍。

（二）内部轮岗，帮助员工开阔视野

娃哈哈为每个员工提供广阔的发展平台，只要员工想努力成长，公司都会给予肯定和积极的配合。若员工发现自己更擅长在其他部门工作，都可以申请调到其他部门任职；在一个岗位做到"瓶颈"期，员工可以停职去进修或者读在职博士；娃哈哈还会为去国外学习的员工保留奖金和股份。

娃哈哈内部岗位实施轮动制，集团会对内部员工进行公开招聘，只要部门部长、办公室成员对员工认可，员工通过考核就可以得到晋升。在娃哈哈，具有市场部工作经历的员工在做人力资源管理工作，在技术创新部门工作的员工调到企业管理部门工作，都是十分常见的事。内部岗位轮岗，让员工们更多地接触和了解公司各方面的工作内容，有助于培养员工的综合能力，更有助于树立员工的全局观，促进员工们跨部门、跨业务领域的协同合作。

（三）定期培训，带动员工"转型升级"

为了让员工跟上企业的发展，娃哈哈在自身进行转型升级的同时也带动员工转型升级，培养了集团内部稳定的一线工人队伍。近年来，娃哈哈积极践行从"制造"走向"智造"的理念，通过技术创新加快转型升级。在这个过程中，"机器换人"带来的就业结构变化，如何让一线生产线上的基础操作工适应新的岗位要求？娃哈哈以员工培训机制升级来解决，比如，一些以前需要人工和体力的岗位被机器代替，针对原本从事这些基层岗位的老员工，娃哈哈定期组织内部培训提高员工的知识水平和专业技能，使员工自身能力得以提高，从而满足智能化设备操作的新要求。

三、积极投身公益，提升员工自豪感和荣誉感

娃哈哈从校办企业起家，30多年来一直对社会公益事业倾尽全力。在以宗庆后为核心的高层领导的带动下，娃哈哈始终弘扬"产业报国、泽被社会，让爱无所不在"的公益理念，积极投身各类社会公益事业。

娃哈哈通过积极投身公益事业的行为告诉员工，公司不仅仅要创造利润，更要勇于承担社会责任，这是一个幸福企业应该有的做法。这种潜移默化的影响使员工在思想、行为各方面更加热爱公司、热爱国家，也使员工为在此工作而感到自豪、幸福。

（一）产业报国

30多年来，娃哈哈通过产品创新、技术创新、营销创新，一直保持健康快速发展势头，各项经济指标连续19年位居中国饮料行业前列。

娃哈哈认为作为一家在党和国家培育支持下成长起来的东部地区的优势企业，作为在党的政策指引下先富起来的一部分，致富思源，有责任、有义

务为东西部地区的共同繁荣、为中华民族的复兴而为国分忧，消除贫困，走上共同富裕之路。

（二）产业扶贫

娃哈哈一直秉承"产业报国、泽被社会"的发展理念，在自身获得发展的同时，积极履行社会责任。秉持"造血为主、输血为辅"的产业扶贫方针，娃哈哈在贫困地区、革命老区、少数民族地区、东北老工业基地等 17 个省市投资 85 亿元建立了 71 家分公司。30 多年来，娃哈哈累计上缴税金逾 500 亿元。

（三）支持"三农"

娃哈哈从创业开始生产第一个产品娃哈哈"儿童营养液"开始，就与农业、农村、农民结下了浓厚情谊，产品所用原料牛奶、枸杞、莲子、胡桃、红枣、米仁、龙眼、山楂、蜂蜜等均为农副产品，娃哈哈大力发展农副产品深加工项目。目前娃哈哈年采购各类农副产品 50 万吨，价值约 50 亿元，累计采购各类农副产品价值超过 400 亿元，对推动农业结构调整，促进农业增效、农民增收做出了积极的贡献。

（四）"春风行动"

从 2000 年杭州市开展第一次"春风行动"以来，娃哈哈已累计向"春风行动"捐款达 3000 多万元。董事长宗庆后表示，"春风行动"实现了从"冬送温暖"到"夏送清凉"，从一年一度"送温暖"到一年四季"送恒温"，从单一"输血"到综合"造血"的巨大跨越，为许多困难家庭送去了关爱和温暖。娃哈哈一直带头捐助，就是希望可以带动更多的企业及社会各界人士共同参与，在全社会形成关心、支持、参与"春风行动"的良好氛围。同时，他也期待那些受到帮助的困难家庭，自立自强、乐观向上，积极地回馈社会，去帮助更多需要帮助的人，为社会贡献自己的力量。

砥砺前行 30 余载，娃哈哈始终抱着一颗感恩的心，在自身发展壮大的同时，积极地回馈社会、服务社会，为员工做了积极承担社会责任的榜样，也让员工以娃哈哈为荣，增强了员工的幸福感和自豪感。

四、"五位一体"党建文化体系紧贴人心

经过多年的实践，娃哈哈将党建工作作为企业文化建设的核心，融入社会主义核心价值观，融入"励精图治、艰苦奋斗、勇于开拓、自强不息"的企业精神，融入"凝聚小家、发展大家、报效国家"的经营理念，将娃哈哈的党、政、工、团、纪融为一体，形成了一套具有娃哈哈特色的"五位一体"大党建文化体系。这一体系无论是在企业发展还是企业文化建设，无论是在企业员工关系还是排解企业发展困难上，都做出了突出的贡献。在具体贡献上，主要体现在四个方面。

一是文化效益，有力推进了员工队伍的信仰体系建设。"五位一体"大党建，致力于构建员工的信仰体系，培养员工爱家、爱企、爱国的情怀。娃哈哈坚持用红色文化教育员工，要心怀感恩，始终听党话、跟党走；坚持用"家"文化凝聚员工，用亲情与关爱去感召员工积极为企业发展作贡献；坚持用奋斗文化激励员工，让他们通过自己的勤奋努力去创造财富，将自己的梦想融入企业的发展，融入实现中华民族伟大复兴的中国梦。

二是经济效益，有力推进了公司管理创新和稳定发展。"五位一体"大党建，形成了党群工作以服务企业发展为核心的工作理念，通过"我是党员、从我做起、看我行动""我为销售作贡献"等载体活动，持续提高党员干部带头作表率的责任意识和担当意识。在"以赛带训、比学赶超"的氛围中，娃哈哈有一大批优秀员工涌现出来，其中有30多人次荣获省、市、区级优秀共产党员、劳动模范及技能竞赛大奖，20多人次入选全国、省、市、区级职业技能带头人、有10多人次获得省、市、区级工匠称号，成为推动公司管理创新、技术攻坚、持续健康发展的中坚力量。

三是社会效益，有力促进了企业和谐劳动关系建设。在"大党建"的企业文化建设中，员工的凝聚力和向心力有了长足的提升。娃哈哈把每个员工都当作自己的家庭成员一样看待。如今，公司每年给员工加工资，员工平均年收入7万多元，其中管理技术人员平均年收入约23万元。为了员工成长成才，娃哈哈不但设立顺畅的成长通道，每年还拿出数百万元作为培训经费，让他们通过学习不断地提升自己的素质与能力，在企业发展中实现自己的价值。

正因为员工的生活、工作等各个方面都得到了关心，共享了企业发展成果，所以公司的员工队伍稳定，流动率低，精神风貌好，对企业忠诚度高，成为娃哈哈事业腾飞的重要保证和依靠。娃哈哈集团陆续获得了"全国文明

单位""全国和谐劳动关系先进单位""全国模范职工之家"等荣誉称号。

四是生态效益，有力推进企业社会责任的建设。娃哈哈在自身获得快速发展的同时，牢记"先富带后富"的社会责任，先后在中西部"老少边穷"地区的17个省市投资85亿元建立了71家分公司，有力拉动了当地经济和社会的发展，成为扶贫开发成功的实践者和引领者。在专注于精准扶贫的同时，娃哈哈也积极投身公益慈善事业，捐资助学、扶危济困，累计慈善捐赠5.65亿元。

 经验借鉴

一、建设幸福企业需要因地制宜打造适合企业发展的文化理念

个性是文化的生命。娃哈哈集团"家文化"最大的特色就是它全部来源于企业自身的经营管理实践，并得到了全体员工的认同，成为激励娃哈哈人奋发向上的精神动力。这里的"家"内涵丰富，首先是"小家"，即每一个员工；其次是"大家"，即企业和国家。娃哈哈认为企业必须想方设法把员工"小家"凝聚起来，团结起来，以此发展"大家"，为国家发展做出贡献。而凝聚"小家"的根本就在于提升员工工作、生活幸福感，建设幸福企业。

二、建设幸福企业需要打造党、政、工、团、纪一体的文化体系

娃哈哈"五位一体"大党建文化体系建设为其他企业提供了可参考的经验，主要可以分为以下三个方面：第一，只有始终坚持服务大局、围绕中心，把党群文化工作主动融入到企业发展的大局中去谋划和推动，与企业发展同频共振，与社会进步合拍共鸣，才能增强先进性，在服务大局中彰显作为和地位。第二，只有始终坚持以职工为本、紧贴民心，将职工群众对美好生活的向往，作为公司的奋斗目标，才能增强群众性，真正赢得职工群众的信赖和支持。第三，只有始终坚持解放思想、改革创新，努力推进党群文化工作向全面提质型转变，向全方位服务型转变，向主动有为型转变，才能增强创新性，不断开拓企业文化建设工作的新局面。

三、建设幸福企业需要企业持之以恒地关爱员工

做一件事不难，难的是坚持做好这件事。娃哈哈自创业伊始，就坚持请员工每年吃一顿年夜饭，为员工送上新春红包，并每年坚持为员工增加工资，33 年来从未中断，以"家"一般的亲情温暖每一位员工，让员工在企业有安全感、归属感、尊重感。这些都足以在企业和员工之间架起一座"连心桥"，尽显娃哈哈心系员工、关爱员工的诚心和决心。

 本篇启发思考题

1. 企业如何坚持把员工幸福放在第一位？
2. 如何看待娃哈哈的"家"文化？
3. 企业如何把对社会的责任与对员工的责任有效地结合？
4. 娃哈哈建设幸福企业的启示有哪些？

资料来源

[1] 杭州娃哈哈集团有限公司官网，https：//www. wahaha. com. cn/。

[2]《寻找浙企幸福样本——娃哈哈》，大浙网，2013 年 11 月 28 日，https：//zj. qq. com/a/20131128/011615. htm。

参考文献

[1] 邬爱其. 宗庆后：笃行者 [M]. 北京：机械工业出版社，2015.

[2] 徐怀玉. 员工持股退出机制的设计——从娃哈哈内部清退股份谈起 [J]. 企业管理，2019（9）.

[3] 冯嘉雪. 娃哈哈让员工享受企业发展的成果 [J]. 中国新时代，2011（4）.

下　篇

科技服务类企业

第九篇
海康威视：成就员工便是成就企业

吴道友　　张晓慧*

> 企业是员工获得收益的手段，更是员工成就梦想、实现人生价值的
> 舞台。
>
> ——胡扬忠
> 海康威视创始人之一

案例导读

图片来源：海康威视集团官网。

现代幸福管理理论认为，对员工进行幸福管理将有效提升企业绩效，实现企业发展目标。提升员工幸福感，建设幸福企业已经成为越来越多企业的追求。海康威视正是走在幸福企业建设之路上的优秀企业之一。

近年来，海康威视持续从为员工提高有竞争力的薪酬福利、创建安全健康的工作环境、

---

* 作者简介：吴道友（1975-），男，汉族，湖北赤壁，浙江财经大学工商管理学院教授、博士。研究方向：人力资源管理、创业管理。Email：wudaoyou@zufe.edu.cn。张晓慧（1996-），女，汉族，山东烟台，浙江财经大学人力资源管理研究所助理研究员，硕士。研究方向：人力资源管理。Email：1250078693@qq.com。

构建完善的人才培养体系、创新人才激励机制、强化企业文化建设五个方面对员工进行幸福管理，取得不小成就，并获得了业内的高度认可。在海康威视看来，建设幸福企业的内涵就是为员工提供实现理想的舞台，以幸福凝聚员工，以幸福成就员工，打造员工和企业的幸福共同体。

建设幸福企业不是员工与企业的博弈，而是要求企业关注员工的需求并予以满足，使得员工可以得到成长，取得成就，与企业共同进步。海康威视的发展历程，正是员工在海康威视这一片广阔的舞台上各施其才的历程。创新与坚守让海康威视看得更远，成就员工、与员工共享幸福则让海康威视行得更远。海康威视的经验也为其他企业建设幸福企业提供了有益借鉴。

关键词：员工职业发展；民主管理；企业文化；人才激励

 前言

幸福管理理论认为，建设幸福企业、提高员工幸福指数是企业可持续发展的客观要求，也是企业履行社会责任的必然要求。员工是企业生产经营活动的主体，是企业一切竞争力的源头活水，幸福则是凝聚人心的吸铁石，员工的幸福感是企业核心竞争力的人文基础。

一直以来，海康威视凭借在技术、产品等方面的持续创新，取得了良好的业绩，赢得了客户的信赖和口碑；然而，其在幸福企业建设方面的理念及经验同样也值得其他企业参考借鉴。如果说全球安防行业从模拟技术时代过渡到数字技术时代为海康威视的成立提供了"天时"，杭州的活力与创新氛围为海康威视的成立提供了"地利"，那么与员工共建、共享企业发展成果则为海康威视的发展提供了"人和"。

海康威视在发展业务的同时，也注重为员工提供实现自我价值的舞台，重视员工工作和生活的平衡，不断完善对员工生活、情感、成长等各方面的关怀机制，引导员工以更健康的方式追求美好生活，使员工可以更好地享受工作带来的乐趣，提升幸福感，也使企业自身在安防行业屡创佳绩。

 企业简介

成立于 2001 年的海康威视，是以视频为核心的智能物联网解决方案和大数据服务提供商，业务聚焦于综合安防、大数据服务和智慧业务，构建开放合作生态，为公共服务领域用户、企事业用户和中小企业用户提供服务，致力于构筑云边融合、物信融合、数智融合的智慧城市和数字化企业。海康威视已经连续多次蝉联 IHS（美国权威市场调查机构）全球视频监控市场占有率第 1 名，连年入选《安全自动化》公布的"全球安防 50 强"榜单。截至目前，海康威视已经从最初的 28 人创业团队成长为在全球拥有 40000 多名员工的上市公司。海康威视的产品和解决方案应用在 150 多个国家和地区，在 G20 杭州峰会、北京奥运会、上海世博会、APEC 会议、德国纽伦堡高铁站、韩国首尔平安城市等重大项目中发挥了极其重要的作用。

基于创新的管理模式，良好的经营业绩以及和谐的劳动关系，海康威视荣获"2019 长青奖可持续发展普惠奖""2019 中国年度最佳雇主及最具社会责任雇主""2016–2018CCTV 中国十佳上市公司""2017 中国中小板上市公司价值十强""2016 年 A 股上市公司未来价值排行以及 A 股最佳上市公司""第六届中国上市公司口碑榜最佳公司治理实践奖""中国中小板上市公司投资者关系最佳董事会""上市公司金牛投资价值奖""最佳投资者关系管理奖"等诸多荣誉。

海康威视秉承"专业、厚实、诚信"的经营理念，践行"成就客户、价值为本、诚信务实、追求卓越"的核心价值观，不断创新，不断发展多维感知、人工智能与大数据技术，为人类的安全和发展开拓新视界。

 ## 建设幸福企业的指导思想

海康威视创始人之一胡扬忠曾说："企业是员工获得收益的手段，更是员工成就梦想、实现人生价值的舞台。不管企业的规模有多大，每个员工背后都有家庭和未来，如果企业经营不善导致裁员或者是破产，这对员工而言是极大的伤害。"所以海康威视在推进业务发展的同时，坚持以人为本的管理理念，积极维护员工权益，致力于为员工提供安全健康的工作环境和完善的薪酬福利保障机制，并为员工搭建职业发展平台，全方位关爱员工，让每一位员工得以充分发挥自身价值，提升员工幸福感，打造企业核心竞争力，实现企业与员工的和谐进步和共同发展，为推动幸福企业建设、建成一流现代化企业奠定基础。

建设幸福企业的具体举措

海康威视建设幸福企业的具体举措可以概括为"五心工程",分别是:使员工倾心的薪酬福利保障工程、使员工放心的工作环境搭建工程、使员工欢心的职业生涯建设工程、使员工倾心的激励机制完善工程以及使员工齐心的企业文化发展工程。

"五心"工程满足了员工不同层次的需求,有效地提升了员工工作、生活幸福感,也体现了海康威视成就员工、与员工共享发展成果的诚心和决心。

一、良好的薪酬福利保障使员工倾心

海康威视在员工的物质保障方面做了大量的工作,不仅为员工设定了高标准的薪资,也为员工提供了各种福利待遇,并通过开展形式多样的员工关爱活动,保障员工权益,帮扶困难员工,从生活上、情感上落实对员工的关怀,提升员工对企业的认同感、归属感和幸福感。

(一)为员工提供行业内高水平的薪酬福利

海康威视倡导凭借价值贡献获取回报,为员工提供有竞争力的薪酬和完善的福利保障。在薪资方面,海康威视员工的薪水是对标整个行业的高薪标准,公司每年都会根据行业薪酬研究报告,给予员工具有行业竞争力的薪水增长幅度,并且根据国家和运营当地有关法律法规,按时足额支付员工的劳动报酬;在福利方面,海康威视为员工提供五险一金等福利保障以及其他法律规定以外的公司福利,如公司出资为员工买房提供无息贷款、补充医疗保险、免费早餐、生日福利、扩展至家属自选计划的年度福利体检等。通过这一系列简单朴素的行为,海康威视使员工"一见倾心",给予了员工最踏实的安全感。

(二)为员工提供完善的关怀机制

海康威视一直倡导员工"快乐工作,快乐生活",从生活、情感等各方面关心和关爱员工,引导员工以更健康的方式追求美好生活。

生活上,海康威视在园区内开设了超市、理疗室和对员工长期免费开放的健身房等休闲配套设施、为员工提供定期免费的医疗问诊服务、为女员工提供温馨便利的母婴室、建立患病员工探望慰问机制、为发生重大意外或突发危险疾患的员工亲属设立了帮扶基金。此外，还启动了"大白EAP关爱计划"，通过心理专题讲座及7×24小时全天候的心理咨询热线，为全体员工提供专属的心理关怀。情感上，海康威视通过不定期开展"小小运动馆·亲子运动会"，以及包含"父母""伴侣""宝贝"三个主题的"幸福季"活动等，促进员工家庭关系和谐发展；同时，海康威视现有足球、篮球、摄影等业余俱乐部，全年定期组织日常俱乐部活动、公司内部赛事，并派代表参加外部演出和比赛，促进公司内部团队关系和谐发展。

二、安全健康的工作环境使员工放心

安全和健康是保障员工工作激情、提高员工工作效率和提升员工幸福感的基础，海康威视坚持以生产安全为底线，完善员工职业健康安全体系，持续改进员工职业健康服务，切实保障员工的健康安全。

（一）保障员工职业健康

海康威视始终把员工的安全和身心健康放在首位，严格遵守有关职业健康的法律法规，定期开展职业危害因素检测，为涉及职业危害因素人员配备合格的劳动保护用品并定期组织职业健康体检。公司持续为员工提供形式多样的职业健康安全教育培训，提升员工自我防护意识，帮助相关员工学会正确佩戴和使用各类劳动防护用品，与此同时，公司持续完善员工职业健康安全教育培训，优化生产工艺，积极通过智能化改造，推动智能生产，提高员工操作安全性，努力为员工提供安全健康的工作环境。

（二）落实安全生产管理目标

海康威视始终坚持"安全第一，预防为主，综合治理"的安全生产方针，层层落实"横向到边，纵向到底"的安全生产责任制，以安全生产标准化为准绳，建立健全安全生产规章制度及管理体系，按照闭环工作方法落实安全管理目标，全面开展安全生产隐患排查和治理工作。

海康威视多层次、多渠道、多形式地开展专题安全教育活动，旨在切实有效增强员工的安全意识，提高员工风险防范能力，营造良好的安全文化底蕴。海康威视还通过开展知识竞赛、VR体验，结合安全生产月、消防月各类主题活动，将安全生产理论与知识具体化、趣味化，通过丰富多彩的安全文化，提升员工安全意识与能力。

三、完善的职业发展和培训体系使员工欢心

海康威视在业务发展的同时，也注重员工的培训和职业规划工作，将培训工作作为公司长期战略的重要组成部分。通过综合平衡长期战略目标、年度发展计划、岗位职责和绩效改进的需要，以及员工自身能力差距和职业发展的需求，使员工的学习和发展既能促进海康威视整体目标的实现，又能满足员工个人能力和职业发展的需求，实现公司和个人的双赢。

（一）三项基本原则保障人才选拔和晋升的科学性

海康威视为员工提供管理序列和专业序列双通道职业发展路径，在内部建立了晋升、轮岗等机制，为保障人才选拔和晋升的科学性，在实际操作中严格遵循以下三大原则。公平公正原则——公司按照规定的程序进行人才选拔任免和晋升降级，保证程序的公正性和合理性，确保依据规则给予每个员工公平的晋升机会；德才兼备择优任用原则——公司以文化价值观为底线要求，以绩效为必要条件，以能力为关键成功因素，开展人才选拔和晋升；逐级晋升能上能下原则——公司根据员工承担的责任、能力、绩效、文化价值观等表现，对满足选拔或晋升基本条件的员工进行晋升评估，针对特别优秀的员工或工作特殊需要，可以破格任用或跨级晋升，对不匹配、不胜任的员工及时调整，实现人员能上能下，合理流动。

三项基本原则既保证了公平，也激发了员工的工作热情，为员工提供了大展身手的舞台，帮助员工实现职业发展规划目标。

（二）构建多层次、全方位的人才培训体系

海康威视建立了以业务发展战略为引领的培训体系，并通过持续的需求沟通与调研，丰富和完善了培训体系，全面支持人才的培养和发展。基于管理和专业双通道的员工职业发展路径，海康威视搭建了与之相配套的双通道培训课程：针对管理通道员工，海康威视拥有"飞鹰和翎翔领导力培训"，以领导力提升培训为核心，开设各类管理课程，帮助不同层级的管理者；针对专业通道员工，则以专业进阶培训为核心，通过提供各类专业课程以及开展

现场模拟演练等方式，不断提升员工的专业技能水平。此外，针对新员工，公司则制定了新人成长计划，"新人训练营"从文化价值观、规章制度、职业素养、角色转换课程等方面帮助新员工了解、认同、融入公司和岗位工作。

（三）打造学习管理系统为员工持续"充电"

为进一步满足公司国际化的战略发展需要以及员工职业成长的需求，海康威视开发并上线了以岗位体系为基础，符合公司全球人才战略要求的学习管理系统，以支撑公司的人才培养战略，助力打造学习型组织。

系统内含有通用类课程、业务类课程、考试试卷以及学习交流社区等内容，通过这一学习管理系统，员工可以将线上学习与面授培训相结合，并实现移动学习，使培训与学习更加多元化，也更具灵活性和效率性。课程讲师则是海康威视的内训师队伍，内训师们大多是公司内部的业务专家。海康威视还制订了内训师培养计划，制订了《内训师管理制度》，倡导公司全员参与培训，人人都可以参与选拔成为培训讲师。这不仅调动了员工的工作积极性，也为员工展现自身风采创造了条件。

四、创新人才激励模式使员工爽心

2017年11月，在《哈佛商业评论》（中文版）发布的中国百佳CEO榜单上，海康威视总裁胡扬忠排名第五。当被问及海康威视在创新过程中的最大挑战时，胡扬忠说："最大的挑战是员工是否持续保持激情。公司比较小的时候，员工都有工作的激情，但当公司大了，员工的工作激情是否消退了？这是最大的挑战。所以我们也在尝试推进一些持续激励的手段。"科学的人才激励方法一直是企业的重要关注点。恰当的人才激励模式，不但可以提升员工的工作热情和工作效率，也会加深员工对企业的信赖，从而提升员工的归属感和幸福感。

（一）内部创新创业激励机制

在对员工的持续激励中，内部创新创业是海康威视最重要的战略之一，这也充分反映了海康威视对员工的高度重视。2016年，海康威视正式启动员工内部创新创业的机制，以萤石网络、汽车电子、机器人、海康微影为代表的四大创新业务板块稳步开展。公司和员工以6：4的股权共组新业务子公司，公司与员工分享利益，共担风险。该项目覆盖了高级管理人员、中层管理人员、基层管理人员、核心技术和骨干员工。

目前，其员工的参与积极性很高，内部创新创业计划发展态势良好，部分业务已实现盈利，激励效果初显。众所周知，创新业务风险较大，但海康威视与员工共担风险，员工带着饱满热情大展身手，既为员工提供了实现自我价值的舞台，公司也得到了盈利，实现了员工与企业的双赢。

（二）股票奖项等多种激励模式并存

为了能让员工分享到公司发展的成果，更有效地激励员工，从 2012 年开始，海康威视每隔两年实施一次限制性股票激励，迄今为止已经实施了四期，激励超过了 10000 人次，主要的激励对象是基层业务骨干，经过长期的努力和实践，实现了机制创新的又一突破。

除了创新业务跟投机制及限制性股票激励机制，海康威视还设有特别贡献奖、技术创新奖、关键岗位人才培养机会等 20 余项激励形式，基本覆盖了所有部门。这一系列的激励政策，不仅很好地提升了骨干员工的积极性和主人翁意识，也完善了公司的绩效体系，提高了公司的管理水平。

五、企业文化建设使员工齐心

海康威视用企业精神、文化来凝聚人才，所有人都在为做"全球第一"的同一个目标和梦想而奋斗。海康威视在互联网视频方面的目标是打造全球最大的视频物联网，海康威视董事长陈宗年表示，海康威视这么多年来的发展，如果仅靠当初 28 人，即便个个长出三头六臂也做不到，靠的就是用从物质到精神整个体系的保障，到世界各地"招人"，然后再将他们拧成一股绳。

（一）工程师文化建设

20 世纪 90 年代，国有经济改革冲击大片事业单位，不少机构开始成立盈利性企业，五十二所也在其中。2001 年，包括陈宗年在内的五十二所的 28 个年轻人，放下了事业单位的铁饭碗开始了创业之旅。正是这支工程师占主流的领导团队对技术、产品的执着以及强大的战略前瞻能力帮助了海康威视在安防行业提前布局，使海康威视在安防行业经历的数字化、网络化、智能化三个阶段中都顺利踩到了点。创新从来都不是空喊口号，而是真刀实枪的竞争。海康威视秉承工程师文化，坚守工匠精神，精益求精，持续推进技术和产品的研发，提升产品质量。只有站在行业的前列，公司才能为员工提供更好的保障；员工只有脚踏实地，精益求精，安防行业全球第一的目标才能得以实现。

（二）廉洁文化建设

海康威视持续开展廉洁文化建设，从而不断提升员工的高标准道德意识，将公司价值观、商业道德内化为员工个人行动守则。从新员工入职开始，向员工强调诚实守信的重要性，将反腐专题作为新员工入职的课程，也会面向中层及以上管理者和部分关键岗位员工及其家属代表开展廉洁教育专题会议。海康威视希望通过家庭与公司的良性互动，营造更加高风亮节的廉洁风气。例如，2018年在海康威视内刊《视界》中以题为《讲诚信，树正气——反腐在路上》的反腐特别报道形式，在公司内部进行反腐宣传。此外，海康威视还通过反腐宣传海报、广泛开展员工廉洁情况自我检查、组织关键岗位员工观摩涉嫌经济犯罪的案件庭审等多种方式开展廉洁教育和宣传。为此，海康威视还成立了廉洁及道德遵从委员会，以对员工的行为进行监督，以此营造更加廉洁的工作氛围，保障内部公平，提升员工的工作积极性和热情。

（三）民主管理文化建设

海康威视成立了工会，并不断完善工会制度，通过为员工搭建全方位的沟通体系，及时倾听员工心声，了解员工诉求，解决员工在生产和生活中遇到的各类问题。

海康威视每月举办一次"高管对话"系列活动，让普通员工有机会与高管面对面沟通交流，每季度举办一场"倾听一线"座谈会，邀请部门负责人走进一线，倾听员工声音。另外，公司还通过开设员工意见箱、员工申诉、"大白热线"、"我有话说"以及不定期举办新员工沟通会、实习生沟通会、关键岗沟通会、老员工交流会、试用期沟通、离职面谈、日常沟通、满意度调研等方式，持续拓宽员工沟通渠道，保障员工的知情权、参与权和监督权，提高员工的主人翁意识，调动员工工作积极性，提升员工满意度、安全感和归属感。

经验借鉴

孙晨晨（2019）认为，影响员工幸福感的突出矛盾主要反应在绩效收入、工作环境与压力、职业空间等方面。海康威视建设幸福企业的具体举措正是从解决员工幸福感的突出矛盾出发，在满足员工需求的基础上实现员工与企业的双赢。

一、创新企业激励机制，尊重员工劳动成果

企业激励机制的构建对于创新型组织而言至关重要。企业需要建立科学的绩效管理体系，建立健全人才收入与经营绩效协调发展的联动机制，并切实发挥其导向作用，以帮助员工更好地成长。海康威视在人才激励方面所采取的举措不仅充分显示了其科技型企业的特色，而且卓有成效。为了能让员工共享发展成果，激励核心员工，海康威视采取了更加灵活的激励机制，除了创新业务跟投，还设有技术进步奖、特别贡献奖等多项奖项，基本覆盖了公司所有部门。近年来海康威视还推出了更倾向于基层骨干员工的"限制性股票激励计划"，极大地调动了基层员工的积极性，也更好地满足了员工的尊重需求。

二、营造积极向上的工作氛围，为员工创造宽松舒适环境

为员工幸福创造良好的环境，主要体现在对员工的管理和关怀上。一方面员工必须通过自我学习和实践来提升能力，适应岗位需求，员工踏实认真的工作作风不容忽视；另一方面，企业应该搭建员工的诉求表达渠道，关注员工思想动态，使员工在轻松、积极的环境中工作。海康威视采用民主管理模式，举办"高管对话"等系列活动，持续拓宽员工沟通渠道，保障员工的知情权、参与权和监督权；此外，海康威视还会举办形形色色的文体活动，既使员工得以放松身心，又提升了团队的凝聚力，营造出了积极进取、生机勃勃的工作氛围。由此，员工的归属感和幸福感也必将大大提升。

三、完善员工职业生涯发展，铸就幸福员工

员工的需求除物质报酬之外，更在意其自我价值的实现。因此，企业应明确目标，结合业务生产实际，引导员工做好职业生涯规划，完善员工的职业发展通道，并努力为员工提供合适的培训计划，搭建具有挑战力的平台，使员工充分发挥自身优势，学以致用，促进其获得成就感，从而不断提升其工作幸福感。海康威视为员工设立管理序列与专业序列双重晋升发展通道，并为不同的员工提供明晰完善的职业发展和培训体系，努力实现人岗匹配、人尽其才，让不同层级不同序列的员工都能在适合自己的岗位上体现最大的价值。由此，员工收获了知识，掌握了技能，得到了提升，不仅成为了一名更加优秀的员工，可以更出色的完成工作，也收获了更好的自己。

本篇启发思考题

1. 海康威视是如何将企业发展战略与幸福企业建设融合到一起的？
2. 海康威视建设幸福企业的举措是否还有可以继续提升的空间？
3. 海康威视自成立以来，已经取得了巨大的进步，怎样看待海康威视未来人文和技术的发展？

资料来源

[1] 杭州海康威视数字技术股份有限公司官网，https：//www. hikvision. com/cn/index. html？jmode＝j1。

[2]《海康威视：2018 环境、社会及管治报告》，东方财富网，2019 年 4 月 20 日，http：//data. eastmoney. com/notices/detail/002415/AN201904191320 925829，JWU2JWI1JWI3JWU1JWJhJWI3JWU1JWE4JTgxJWU4JWE3JTg2. html。

[3]《海康威视，一家国企与民资的混合之路》，浙商研究会，2019 年 3 月 13 日，http：//www. zjsr. cn/Item/Show. asp？d＝25363&m＝1。

[4]《被习总书记"点赞"的海康威视是一家怎么样的创新企业？》，《杭州日报》，2016 年 9 月 2 日，http：//biz. zjol. com. cn/system/2016/09/02/021285647. shtml？_k＝9g8y3u。

[5]《海康威视凭什么》，《浙商》，2015 年 8 月，http：//www. wzs. org. cn/zszz/zs8s_593/201508/t20150817_126920. shtml。

［6］《2015，习近平视察过的海康威视为何能成为创新驱动发展的典型?》，世界浙商网，2016 年 1 月，http：//www. wzs. org. cn/zt/xjpyzs/201601/t20160113_155762. shtml。

参考文献

［1］孙晨晨. 企业员工幸福管理策略的研究与实践［J］. 中国商论，2019（18）：101-102.

［2］戴一. 海康威视，人才是企业发展的持续动力［J］. 首席人才官商业与管理评论，2018（1）：104-106.

［3］查娜. 海康威视限制性股票激励效果分析［D］. 江西财经大学，2019.

第十篇

天能集团：新时代幸福企业的样本

张维维　张旭霞[*]

我们不能为办企业而办企业，还要为老百姓创造增收条件，一个人好不算好，带动大家好，让整个社会都富裕起来，才是真的好。

——张天任
天能集团董事长

案例导读

图片来源：天能集团官网。

　*　作者简介：张维维（1984-），女，土家族，湖南张家界，浙江财经大学工商管理学院副教授、博士。研究方向：人力资源管理、社会企业。Email: zww20140035@ zufe. edu. cn。张旭霞（1996-），女，汉族，浙江湖州，浙江财经大学企业管理硕士。研究方向：人力资源管理。Email: 1083931429@ qq. com。

创办于 1986 年浙江长兴的天能集团秉承"以人为本"的理念，践行"责任为魂、创新共赢"的核心价值观，积极探索建设新时代的幸福企业。天能集团认为，新时代幸福企业应该与时俱进，具有时代特色，同时对幸福的理解应该有更丰富的内涵。

本案例介绍了天能集团建设新时代幸福企业的缘起，从新时代幸福企业内涵的新释义、员工幸福、社区幸福以及社会幸福四个方面梳理了天能在建设新时代幸福企业过程中进行的理论和实践探索，最后，总结了天能建设新时代幸福企业所取得的荣誉以及在员工幸福、社区幸福以及社会幸福方面所取得的成就。

天能集团坚持以"为社会缔造美好生活"为己任，在做好企业自身发展，关注员工幸福的同时，积极从事社会公益活动，做优秀的企业公民，以高度责任助力社会"美好发展"。天能集团建设幸福企业的探索为其他企业提供了可借鉴的范本。

关键词：天能集团；新时代幸福企业；员工幸福；社区幸福；社会幸福

 前言

1988 年，年仅 26 岁的张天任凭着借来的 5000 元，承包了濒临倒闭的煤山第一蓄电池厂，在他的带领下，经过 30 多年的努力，这家村办小厂如今已经成长为年销售额超千亿元的中国新能源动力电池的领军企业——这就是天能集团创造的奇迹。张天任深知天能集团的美好今天离不开社会、社区以及天能人的支持，因此天能集团坚持"以人为本"，致力于幸福型企业和平台型企业的建设，还积极履行社会责任，构建良好生态圈，争做优秀"企业公民"。

天能集团探索建设现代幸福企业的一系列举措得到了员工、所在社区以及社会的一致认可，并获得了多项殊荣。2019 年 4 月 8 日，中华全国总工会发布了表彰全国模范职工之家、全国模范职工小家、全国优秀工会工作者等先进集体和先进个人的名单。天能集团凭借在职工之家建设方面的突出表现，获得了三项荣誉奖牌，其中天能集团工会被授予"全国模范职工之家"、天能江苏沭阳公司中大密装配车间工会小组被授予"全国模范职工小家"，天能河南濮阳公司总经理助理、工会主席殷波良被授予"全国优秀工会工作者"荣誉称号。新川村先后获得长兴县"奔小康示范村""市级文明村""湖州市村企共建新农村先进单位""浙江省卫生村""浙江省全面小康建设示范村"等荣誉。这些奖项以及荣誉称号的获得是对天能集团建设新时代幸福企业的最大认可。天能集团诠释了新时代幸福企业的丰富内涵，为构建新时代幸福企业提供了样本。

企业简介

天能集团于 1986 年正式成立。集团地处江苏、浙江、安徽三省交界的"中国绿色动力能源中心"——浙江长兴，距离上海、杭州、南京、苏州及芜湖均 200 千米以内。天能动力为中国最大的动力电池生产商，主要从事铅酸、镍氢及锂离子等动力电池、电动车用电子电器、风能及太阳能储能电池的研发、制造和销售。随着电池行业标准的规范，集团发展速度惊人。目前，集团现拥有浙、苏、皖、豫、黔五省十大生产基地，下属子公司 30 多家、20000 余名员工，已发展成为大型国际化集团公司。

建设幸福企业的指导思想

天能集团一直秉承"以人为本"的管理理念，践行"责任为魂、创新共赢"的核心价值观，在人才招聘、培养选拔、绩效管理、薪酬管理、员工关系等方面建立了具有天能特色的管理文化，积极营造良好的工作环境和人文环境，使员工的个人职业发展与公司的战略规划和发展有机结合。天能集团让每位艰苦奋斗的天能人感受到幸福感、归属感，有事业舞台、有人生价值、有美好梦想、有幸福的生活。天能集团在实现又快又好发展、给予员工幸福的同时不忘回报社会，给社会也传递着幸福之光。

天能集团董事长张天任不仅是一位企业家，他还是新川村党支部书记，他对建设新时代的幸福企业有自己的理解："我们不能为办企业而办企业，还要为老百姓创造增收条件，一个人好不算好，带动大家好，让整个社会都富裕起来，才是真的好。"惠及员工、社区以及社会幸福才是张天任所追求的。他为员工提供"硬核"薪酬、鼓励创新、重视人才成长价值；搭建了"村企联姻"的共赢平台，天能集团通过技术帮扶、资金支持、就业支撑等途径，引导村民参与到村级资源开发和配套服务企业的致富链条中；作为绿色能源企业，张天任时刻关注企业行为对社会的影响，他说："宁可利润少一点、发展慢一点，也不能牺牲环境。"这些都成为天能打造新时代幸福企业的指导思想。

新时代幸福企业建设的思路

天能集团认为：作为新时代的幸福企业，不仅要让天能员工幸福，而且要让所在社区、社会幸福，这也为天能建设新时代幸福企业指引了思路（见图1）。"天能的幸福是员工奋斗得来的"，天能集团非常重视员工的幸福，除了"硬核"的薪酬外，天能集团还根据新时代员工的特点，鼓励创新、认可人才成长价值等；在社区幸福方面，"吃水不忘挖井人"，董事长张天任不忘创业初期新川村及村民对天能集团的帮助，通过就业、基础设施建设等竭力回报新川村，让新川居民安居乐业，提升新川居民幸福感；在社会幸福方面，天能集团坚持各种慈善公益事业，尤其在环境治理方面，发展循环经济、注重环保，深入贯彻"绿水青山就是金山银山"的发展理念，为社会留下一片绿色。

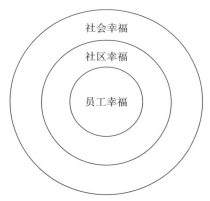

图1　天能集团现代幸福企业建设思路

新时代幸福企业建设的探索

33年来，天能集团始终保持对新能源产业的高度专注，同时又积极践行"以人为本"的管理理念，致力于建设现代幸福企业的探索。对于幸福，天能集团有了自己的理解。创业初，天能集团是一家只能帮大企业做些贴牌加工工作的小企业，一旦没有订单，员工生活就成问题。而那时候，员工的幸福感就是有活干。董事长张天任说："员工最初的幸福是跟着企业不吃亏。"随着天能集团从一个村办企业经过多年的打拼，逐步成为国际化大企业，天能集团对幸福也有了新的理解，作为社区、社会中的一员，社区幸福、社会幸福也是幸福企业建设的应有之意。

什么是幸福企业？一般认为，幸福企业就是能够满足员工幸福需要的企业，最典型的做法就是建立具有竞争力的薪酬体系，同时为员工提供有吸引力的福利待遇。天能集团非常注重为员工提供对外有竞争力、对内公平的薪酬，同时还为员工提供较好的福利，比如优质的住宿条件以及在员工生日时为员工提供生日蛋糕券等。

近年来，天能集团开始注意到，"80后""90后"的新生代员工已经成为企业人力构成的中坚力量，他们作为改革开放的同路人，他们家庭环境相对安定、富裕，不用为生活担忧。因此，他们更加注重自我感受，不希望因工作而牺牲与家人、朋友团聚的时间，更看重工作与生活的平衡。社会流动加剧、文化表达多元的时代背景下，他们职业观念多变，渴望尝试不同的职业领域，更看重企业提供的职业发展机会。新生代员工这些显著特点，为打造现代幸福企业提出了新的挑战和要求。天能开始鼓励员工创新、注重人才培养且明晰员工职业通道、维护企业的舆论美誉度以及塑造员工自豪感，这些举措丰富了新时代幸福企业的内涵。

天能集团党委书记、董事长张天任还注重与当地社区的联系，致力于村企结对共建。天能认为，企业作为国家经济运行的主体，在提升所在社区居民的幸福感方面发挥着重要的作用。打造新时代的幸福企业，当地社区居民的幸福成为关注的要点。

此外，天能集团坚持以"为社会缔造美好生活"为己任，在做好企业自身发展、关注员工幸福的同时，积极从事社会公益活动，做优秀的企业公民，以高度责任助力社会"美好发展"。近年来，天能集团始终以"两山"发展理念为指导，积极推行清洁生产、打造绿色循环经济、加快产业结构优化升级，实现绿色、循环、低碳发展；积极投身于社会公益事业发展，设立天能公益基金，开展"春蕾儿童助学计划""大学生贫困助学基金"等工程，为构建幸福社会贡献自己的力量。

天能集团对新时代的幸福企业形成了自己的理解，它认为新时代的幸福企业应该有更丰富的内涵：一是作为经济主体，应该具有能够持续、有效地向市场提供产品或服务，以及拥有获得盈利和自身发展的能力；二是作为雇主，要建立合理的薪酬福利体系，良好、友善的职场关系，清晰的职业路径以及乐于奉献的企业精神；三是作为社会化的企业，幸福企业还应该具有高度的社会责任感，具有优秀的企业文化体系，为所在社区、社会带来良好的社会效益。

 建设幸福企业的具体举措

基于对新时代幸福企业的理解，天能围绕如何满足员工的幸福需要、满足社区的幸福需要以及满足社会的幸福需要，布局和推出了一系列措施。

一、建设新时代幸福企业，要满足员工的幸福需要

（一）建立对外有竞争力、对内公平的薪酬体系

天能集团董事长张天任认为，和谐发展是加快转型升级、做大做强实业，增强企业发展动力和活力的凝心工程。天能集团坚持把造福职工工作作为发展实体经济的出发点，把依靠职工工作作为发展实体经济的动力源，把成果让职工共享作为发展实体经济的落脚点，以和谐的劳动关系保障实体经济落到实处，全力打造幸福天能。基于这一认知，天能集团对员工的薪酬收入非常重视。这些年，为了让员工共享发展成果，天能集团构建了合理的收入增长机制，坚持做到转型升级带来的发展成果与职工收入的增加成正比，员工工资年均增长幅度达10%以上。天能集团内部员工的薪酬遵循对外具有竞争力，对内具有公正性的原则制定。

截至2020年1月17日，据天能集团在各网站发布的公开薪酬统计得出，天能集团员工的月薪酬区间如下：4500~6000元的占比达6.3%，6000~8000元的占比达到11.3%，8000~10000元的占比达到13.1%，而10000~15000元的占比达到33.8%，15000~20000元的占比达12.8%，20000~30000元的占比达12.1%，30000~50000元的占比是5.3%。从统计的数据来看，2019年天能集团的平均月工资为13039元，与2018年相比，增长51%。同时天能集团的工资较同行相比上涨38%，对比湖州地区的其他公司上涨65%。

除此之外，为更好地激励优秀骨干员工，公司每年都会根据员工任职情况给予符合条件的员工一定的股票期权。据悉，天能集团在2010年对600多

名中高层管理和技术人才实行了期权激励，顺利完成第一次行权和第二次期权的发授工作，行权员工实现收益1300多万港元。2018年江苏沭阳天能电池共赢商大会上，天能更是大手笔奖励了奔驰、宝马、奥迪共计209辆，不管是行业内还是行业外乃至全国都是首次，更是电动车行业有史以来规模最大的一场活动。

（二）构建完善的福利体系

"多年前员工都是住集体宿舍，现在每个人都配有独立公寓，有宽带、电视、空调、厨房，条件都很好。"天能集团循环经济产业园附近，为员工新建的天能公寓让人眼前一亮，"这些都是给员工住的新房。"近几年来，天能集团为了让员工工作好、生活好，投入了大量资金改善员工生活区，建起一栋栋高规格职工公寓。另外，天能集团和各子公司均设有员工食堂，每周七天为员工提供餐饮服务，充分保障员工工作日和节假日就餐的需要；定期更换菜单，既保证饭菜的营养，又满足员工们不同口味的需求。同时公司还为员工提供各种文娱活动场所，棋牌室、舞蹈室、图书室、乒乓球室、篮球场等。在天能，通过优化工作环境与生活环境从而使员工得到满足与幸福。

对于员工的生日，天能集团是不会忘记每一个人的。"今天是你的生日，祝你生日快乐，方便时请到办公室领取你的生日蛋糕券。"这是集团党群部的小戴给每一位员工在生日来临之际发出的一条信息，每个月小戴都会贴心地记住每位员工的生日并送上惊喜，看似简单，却承载着天能博大的爱。而在各个子公司以及基地，如动力能源、濮阳等基地的集体生日会也很热闹，许愿点蜡烛、切蛋糕、幸运抽奖、发放生日慰问金等，为"寿星们"集体送上关怀和祝福，使员工感受到"天能是我家"的大家庭温暖，增强"我是天能人"自豪感、荣誉感和归属感。

"健康生活、快乐工作"，天能集团深信，只有健康的员工，才能快乐工作，也才能有幸福感。天能集团会定期组织员工进行常规的健康体检。近年来，天能集团及基地相继开展了"关爱员工健康·免费体检"活动，为员工健康"买单"，将贴心的服务送到各条战线一线员工。特邀浙江省中医院医生不定期来访，免费为员工提供医疗检查和预防保健服务，使员工享受到专业的个性化健康指导，增强员工健康意识和自我保护能力。系统检查涵盖了颈椎病、腰椎病、肩周炎、关节炎、"三高"、肠胃病，心脏病等方面，现场为员工提供无痛针灸、拔罐、足疗、远红外热敷、眼疗、超声波、光波、水疗、推拿等中医理疗项目。

对于员工的身体检查，天能集团毫不含糊，已经不仅仅是开展一次相关活动，还组织开展过红色公益专场等义诊活动。而专家们为每一位员工进行了医疗检查和预防保健服务，赢得了员工们的一致好评。员工们纷纷感慨道："平时去医院看个专家要排很久的队，现在在公司里就能享受到主任级专家的服务，这可真是实实在在的健康福利。"对员工来说，身体健康是一件大事，而天能集团就做到了让员工放心。让每一位天能集团人都能感受到来自天能大家庭的"温暖"，也为天能集团的发展注入了强大的凝聚力和向心力。天能集团的幸福管理体现在对员工的健康"买单"。

（三）开展丰富多彩的文体活动

幸福不只来自于物质，更重要的是生活、精神方面。天能集团为了让员工在工作之余放松，特地举办各种各样的文体活动。这些文体活动不单单是让人开心，更重要的是体现了天能集团对员工的重视，天能集团能够邀请员工家属到达与员工一起参与，这说明天能集团已经将员工视作天能这个大家庭中的一员，足以体现天能集团出色的幸福管理——让员工幸福。

"我们是一家人"盛夏文艺晚会由天能职工们自己表演节目，非常有天能集团"家文化"的感染力。不仅展现了天能人勇于创新、充满活力的风采，还加深了企业与职工及职工家属的沟通交流，增强了企业全体职工的凝聚力和向心力。

2019 年的中秋节，在一首江南韵味十足的水袖舞中，天能集团中秋文化沙龙在烟波浩淼的太湖边拉开帷幕。来自全国各地的 120 名外来员工及家属代表齐聚一堂，感受天能集团大家庭带来的中秋温暖。更值得一提的是，现场的访谈环节，让不少来自外地的新、老员工回忆起与天能结缘、相伴的故事。大家彼此交心、畅所欲言，与天能家人们共享节日团聚温情。中秋节作为传统节日，寄托着所有游子的思乡之情。为了让外来员工真真切切地感受天能"家"的温暖和归属感，也为进一步夯实大家对天能美好未来的坚定信念，实现"大家"与"小家"的深度融合、共同发展，天能集团特意组织了此次"情满中秋天能有你"中秋文化沙龙活动，让外来的管理团队放下乡愁，感受温暖。

天能集团濮阳基地厂区每年都会举办一次"春季运动会"，由天能濮阳基地各部门代表队积极参加，各个队伍团结拼搏、争分夺秒，在羽毛球、"铁人三项"等多个竞技项目上展开精彩的角逐。在项目角逐间，天能集团濮阳基地各部门代表队互相增进友谊，增强团队协作能力。近年来，天能集团濮阳基地、芜湖基地、煤山基地、循环经济产业园等陆续举办了职工运动会，不仅丰富了员工业余文化生活，还增强了企业凝聚力和向心力，展示了天能人"团结奋进、积极向上、勇于拼搏"的良好精神风貌，增添了广大天能集团职工的集体荣誉感和团队协作精神。

除此之外，天能集团还组织单身青年职工开展了"七夕职工联谊会"，近百名青年职工参加。通过本次联谊会，既为青年职工相互交流增加了机会和平台，又为青年职工增添了许多对未来生活的美好期待和投身工作的热情。

（四）尊重并鼓励员工创新

天能集团致力于为员工创造富有激情、充满灵感的工作环境。每一名员工都是"爱迪生"。天能集团集全员智慧、靠全员创新。创新在天能集团无时不在。天能集团将技术创新的重点放在基层、放在一线。天能集团用"塔"来比喻全员创新：塔尖是高精尖人才，塔身是一般的科研工作者，塔座是广大一线员工。只有广大一线员工的创新能力不断提高，塔座才能更扎实，塔座才能更优秀，塔尖才将光芒四射。就是这样一种以人为本的氛围，让天能集团的每一位员工都感受到天能对自己的关爱，感受到一种身为天能人的幸福感，而这也是天能集团的幸福管理之一。

来自生产一线的员工，每天摸设备，每天做产品。他们总能在生产过程中发现一些问题，总结一些很有价值的经验。天能在员工中广泛开展金点子活动和五小创新活动，鼓励员工个人解决工作中存在的问题，从而提高工作质量和效率。

为了鼓励一线员工创新，集团每年年终总结表彰大会都要给一批提出小革新、小发明、小改造、小设计、小建议的一线员工颁发奖状和奖金，并编入《榜样》一书中在全集团学习推广。赵海敏说，这些"五小"创新成果，每年可为公司节省上千万甚至亿元以上的生产成本。表彰他们，正是为了更好地集聚员工的智慧，推动企业的更好更快发展。

"开心比钱重要。"陈玉琴是一名车间工人，在她看来企业的氛围是让她"赖着不走"的主要原因，"举个例子，企业为我们车间工人专门设了创新发明奖，这样我们就有动力去改进生产线，简化设备，发挥自己的能力，让生产效率提高，钱拿多了还省力气。"

（五）关注人才成长价值

张天任说，天能集团生产两种产品。一种产品是新能源电池，另一种产品是人才。因此，对于职工额外的学习以及培训，天能集团舍得花工夫、花时间去做。

自 2019 年 3 月起，天能集团及其他子公司每周开展一次"天能大讲堂"培训活动，每期都会邀请业界专家分享优秀案例和实践经验。"天能大讲堂"通过这种互动交流的形式，让员工在业余时间"充电"、提升综合素质能力，这也为企业人才培养和长远发展奠定了基础。另外，学习方法也很重要。这是一个互动分享的平台，爱学习的员工可以来当同学，喜欢分享的员工可以来当老师。这里不仅可以学到知识，也可以分享知识，不论你是土专家还是大教授，只要你专业技术强、经验丰富，你就是"天能大讲堂"老师。

除此之外，天能集团拥有自己的大学——天能大学，这一所大学主要围绕"5 年再造一个新天能"战略愿景，依据总体发展战略和人力资源战略，推动和组织人才培养工作，以"培养人""选拔人""发现人"为核心，做好企业战略落地、文化落地、产业发展的加速器与人才孵化器；同时通过对各类专业员工和管理人员的培训和发展，支持公司的战略实施、业务发展和人力资本增值；同时配合公司各业务发展和客户服务策略，不断为内外部客户提供管理培训解决方案，持续提升客户满意度。天能大学联合国内外知名院校、培训机构，从商业战略到营销新视角，再到全方位管理，结合天能股份战略需求，帮助内部高管不断自我提升和深造；不定期安排"标杆企业参访"等学习机会，帮助内部管理者了解当下前沿的发展趋势，实现与行业的同步发展。

随着经济全球化的快速发展，天能集团提出国际化新战略，以适应当前环境。其中人才是国际化新战略中重要的内容，一方面天能集团对外招聘有国际化经验的领军型人才，另一方面在集团内部自己培养国际化人才。为此，天能集团开设国际化训练营系统培养人才，将毕业学员直接纳入国际化后备人才库。

天能集团还注重员工的职业发展规划，在人才招聘、培养选拔等方面建立了具有天能特色的人力资源管理文化，使员工的个人职业发展与公司的战略规划和发展有机结合。为此，天能集团对于人才职业生涯发展实施了"双轨制"模式，即管理职业发展通道和专业技术发展通道两个轨道，同时设置

"纵向晋升发展"和"横向发展"两种方式。

二、建设新时代幸福企业，要满足社区的幸福需要

兴一家企业、促一方经济、富一方百姓。作为从村办小企业起家的天能集团始终不忘反哺新川村。2008年起，天能集团和新川村"结对子"，天能集团充分发挥企业在资金、技术、人才和信息等方面的优势，与新川村开展经济、文化、环境等村企共建活动，探索乡村振兴新路径。每年，天能集团都要向新川村捐款，修公路、治污水、建学校，资助村里的文化公益事业，已经累计捐献资金7000多万元，这为新川村的腾飞注入了活力，增强了动力。

为让村民直接参与到经济建设当中来，天能集团通过技术帮扶、资金支持、就业支撑等方式拓展村企共建。天能集团想方设法让结对村民有机会参与到资源开发和企业发展中，最大限度地分享利益。

天能集团共为新川村及周边村组解决2000多人的就业问题，目前新川村超过1/3的劳力都在从事与天能集团相关的工作，有1000多村民在全国各地成为天能电池销售主力军，天能集团还持续多年帮扶30多名困难户、残疾人等弱势群体，使全村老百姓整体生活水平稳步提高。此外，通过让村民参股获得股份分红的方式，新川村涌现出了上百个"百万元户"，几十个"千万元户"。当年最早进厂被称作是天能一号员工的钱杏仙，与丈夫一起仍然安心地在天能集团踏踏实实地工作，如今家里建了小洋楼，有了存款，买了小汽车，儿子现在也是经营天能电池销售，有了自己的事业。"没有董事长，就没有我的今天。"钱杏仙对自己一家过上幸福富裕生活，时常这样感慨地说。

天能除了提供就业支撑带动村民致富，天能集团还为新川村的新农村建设提供智力支持，在道路设计、建筑建设等方面进行技术指导，让村民真正得实惠。天能集团还与新川村积极开展文化、环境、经济等方面的共建活动，帮助新川村建设文化活动广场、农村文化室，添置相关文化体育和娱乐健身设施，极大改善了农村的文化生活条件。新川人建起了幼儿园，组建了腰鼓队，开通了公共汽车专线。每年天能集团会定期举办村企联谊会，由天能员工自编自导《天能之歌》《新川村吹来了和谐风》《走来了》等节目，为村民送上文化大餐，新川村的腰鼓队也自发地参与天能集团各种庆典活动，企业员工和村民共同在舞台上演绎了向上不息的精神。

新川村人和天能人一样，都将幸福写在心里。新川人有一种主人翁的荣誉感，张口"我们新川""我们天能"，闭口"我们书记"。大家把天能，把他们的书记——张天任，时刻装在心里。因为有天能，有张天任，就有了大家的舒心、有了大家的幸福。

三、建设新时代幸福企业，要满足社会的幸福需要

作为社会中的企业，幸福企业还应该具有高度的社会责任感，回报社会，反哺社会。张天任也曾说过："当企业资产在 1000 万元的时候，企业完全是自己的；当企业资产超过 1000 万元的时候，企业就属于社会了。天能集团目前资产已超 1000 万元，所以，一直以来，天能集团都把企业的社会责任放在首位。"

（一）税收与就业

贵州黔东南州的台江县是"天下苗族第一县"，也是国家级贫困县。2018年，天能集团重组了当地蓄电池厂，投资 30 亿元，建设中国最先进的新能源电池生产基地。项目建成后，可直接吸纳就业人员 2000 人，利税 10 亿元，带动台江县生产、物流、商贸等上下游协同发展，实现更多的就业脱贫。天能集团在五省十大生产基地，直接提供了 2 万个就业岗位。30 万家终端销售门店，间接创造就业岗位超过 100 万个。中央经济工作会议指出，"稳就业"排在"六稳"工作的首位。天能集团所创造的就业机会，为经济社会的高质量发展做出贡献。

2018 年，天能在全国各地共缴纳税收近 30 亿元。2014~2018 年，天能集团共计缴纳税费近 100 亿元，成为支撑区域经济发展的重要力量。天能集团在湖州、宿迁等地的公司，都是当地的第一利税大户。

（二）绿色经营

在生产工作上，天能集团坚持绿色经营，通过环境保护、产品安全、清洁生产，节能减排四大模块践行社会责任。一方面，重点从改革工艺设计及引进高新设备着手，着力加强环保设施建设，致力打造行业环境友好型企业模范。另一方面，天能集团根据环境保护和公司整体发展需要，进行产业布局规划调整和加快产业结构优化升级。通过技术实现废电池的充分回收利用，

走绿色可持续发展道路。天能集团作为全国绿色动力能源行业的领跑者，成功走出了企业发展与环境和谐发展、中国传统产业向高新产业转变的典型道路。天能集团一直贯彻清洁生产技术和环境治理，致力于打造行业"环境友好、资源节约型企业"标杆。

至今，天能集团已经实现绿色工业生产，集约、高效、无废、无害、无污染，将"三废"消灭在工艺过程之中，从源头上实现"零排放""零污染"。近年来，天能集团还通过"一圈一链"来促进企业的高质量可持续发展，为国家的生态文明建设作出贡献。

"一圈"，就是循环经济生态圈。天能集团对在浙江长兴发展的循环经济产业进行了复制推广，2011年起在河南濮阳建设了年处理10万吨的循环经济产业园。通过在全国各地的30万个营销网点，将废旧电池分散回收、集中处置、无害化再生利用，形成了闭环式的循环经济生态圈。当前铅污染防治重心已由生产环节转移到再生铅环节，天能集团打造的这一闭环式循环经济产业链改变了铅蓄电池产业的发展之路。从废料中直接回收再生铅不需要像原生铅那样采矿、选矿，因此成本、能耗、排放得以大幅降低。

"一链"，就是绿色智造产业链。天能集团从绿色产品、绿色车间、绿色工厂、绿色园区、绿色标准、绿色供应链等入手，借助互联网、大数据、云计算等手段，把绿色智造这条主线贯穿到生产经营的全流程，引领产业向绿色、高端、智能方向发展。2017年工信部公布的第一批绿色制造体系示范名单中，天能集团就有3家公司榜上有名，其中两家被评为绿色工厂示范企业，一家被评为绿色供应链管理示范企业。

（三）企业慈善

30多年来，天能集团在实现又快又好发展的同时，积极投身于社会公益事业的发展，做优秀的企业公民，以高度责任助力社会"美好发展"。天能集团董事长更是一位富有爱心、责任、担当的企业家，扶贫助学、村企共建、抗震救灾、设立公益基金、成立天能奖学金、定向帮扶困难人员，他用自己切身实际的行动将善行落实，将善心传递。

2020年的新年比较特别，突如其来的新型冠状病毒感染疫情，严重威胁着人民群众的身体健康和生命安全，也让天能集团董事长张天任倍感忧挂。2月3日下午，受张天任董事长委托，集团副董事长张敖根带着200万元的支票，专程赶到长兴慈善总会，将支票交到了长兴县慈善总会会长杨福成的手上。

天能集团决定，快速启动全球采购渠道，通过全球共赢商，全球营销网点，以及委托海外合作伙伴等渠道，积极筹集医用口罩等抗击疫情的急需物资。目前，已经落实了 15 吨消毒液，待物资到位后，再分批次捐赠或定向援助。天能公益基金会也在春节期间启动，简化审批流程，精准援助武汉及湖北疫情严重地区的合作伙伴，帮助他们共渡难关。天能在浙江、安徽、江苏、河南、贵州五省的 11 个生产基地，也积极投身抗"疫"战争，协助当地政府，组织群防群控，积极捐款捐物，奉献爱心。

天能集团的慈善感染到每一位天能人，在天能集团，员工也会参加各种各样的公益活动，充分展现了天能良好的企业形象与社会责任感。例如，天能煤山公司组织职工无偿献血活动，天能职工们热情高涨，积极发扬志愿者精神，为社会奉献爱心。"无偿献血，功德无量！心怀感激，是一种德行，也是一种处世之道，更是一种崇高的境界！我们走上献血车的人，都是对社会怀有感恩之心的人！"天能员工郭晶娟感慨道。

 新时代幸福企业建设的成效

天能集团在幸福企业建设中与时俱进，不断探索，形成了自己对新时代幸福企业建设的独特理解，同时也取得了令人瞩目的成效。

一、企业经营业绩持续提升

1988 年，年仅 26 岁的张天任凭着借来的 5000 元，承包了濒临倒闭的煤山第一蓄电池厂，在他的带领下，经过 30 多年的努力，这家村办小厂如今已经成长为年销售额超千亿元的中国新能源动力电池的领军企业。2018 年，天能集团年营业额为 13212338 万元。综合实力位居全球新能源企业 500 强第 17 位、2019 年中国能源（集团）500 强第 30 位、中国企业 500 强第 139 位、中国民营企业 500 强第 30 位、《财富》2019 年度中国 500 强榜单中位列电池行业第 1 位。2019 年 12 月，天能集团入选 2019 年中国品牌强国盛典榜样 100 品牌。

二、员工幸福

"现在的员工都是'80后''90后'，谈收入不是他们最在乎的，他们在乎自我价值的实现。"张天任说，"让员工开心"就是企业的追求。

天能集团的总裁助理吴飞是新疆人，他和这家位于浙北的企业缘分不浅。"我去浙大念EMBA，和董事长张天任正好是同班同学，我就这么被张总打动，来到了这家企业。"吴飞说一个员工的幸福感，有三个层次，自己来浙江的4年，深有体会，"第一是进入有发展的行业，第二是碰到好的老板，第三是老板欣赏自己。这三个层次分别满足的是生存、被尊重和自我价值实现的需求，这三个层次我在这个企业都体会到了。"

汪刘义来自安徽，如今已是天能集团的一位车间主任，"我高中毕业，进企业这几年，我已经能在县城买房买车，有一个幸福美满的家庭，这是我理解的幸福。"

三、社区幸福

村企共建十多年来，天能通过引导村民就业，发展壮大村级经济，建起了一条条富民惠民的就业链和产业链，实现了企业与周边村庄、职工与村民之间共进发展。现在的新川村，义务教育入学率、社会保障参保率、公厕改造率、垃圾处理率、清洁能源使用率均达到了100%，村庄绿化率超过38%，先后获得长兴县"奔小康示范村""市级文明村""湖州市村企共建新农村先进单位""浙江省卫生村""浙江省全面小康建设示范村"等荣誉。

四、社会幸福

天能集团用自己的实际行动证明了员工在天能集团是幸福与自豪的，天能集团拥有良好的社会形象。天能集团荣获"2018浙江省企业社会责任标杆企业（社区参与与发展维度）"奖项。2018年12月20日，全国工商联、人力资源与社会保障部、全国总工会在北京授予84家民营企业"全国就业与社会保障先进民营企业"称号，以表彰其为助力更高质量发展和更充分就业，推动构建和谐劳动关系所做出的贡献。

天能集团在幸福管理上有自己的独到见解，小到每一位员工，大到社会这个大家庭。所谓选择大于努力，天能集团作为一个有责任心的生产制造商，与时俱进，不断引领着行业的发展，给无数共赢商、员工带来了改变生活改变人生的财富和成功，他们是最幸福的天能人。回顾天能集团的幸福探索，天能集团不仅仅让身处天能集团的员工感到幸福，而且让社区、社会也感到不一样的幸福，这都是来自于天能集团的新时代的幸福企业管理，而这样的幸福管理也得到了员工、社区以及社会的认可。

 经验借鉴

新时代的幸福企业应该有更丰富的内涵。一是作为经济主体，应该具有能够持续、有效地向市场提供产品或服务，以及拥有获得盈利和自身发展的能力；二是作为雇主，要建立合理的薪酬福利体系，良好、友善的职场关系，清晰的职业路径以及乐于奉献的企业精神；三是作为社会化的企业，幸福企业还应该具有高度的社会责任感，具有优秀的企业文化体系，为所在社区、社会带来良好的社会效益。遵循着"以人为本"的原则，天能集团在董事长张天任的带领下，探索出了一条新时代幸福企业建设之路。简单来说，天能集团幸福管理的主要经验有如下几条：

（1）薪资福利待遇"硬核"，薪酬福利待遇是员工幸福的基础，天能集团构建了对外具有竞争力、对内公平的薪酬体系，并保证员工薪酬每年以10%的速度增长，让员工共享企业发展成果。

（2）劳资双方的精神革命，一致认为构建幸福企业，是企业持续创新的关键，也助益我国经济实现高质量发展。通过构建幸福企业，健全管理机制，有助于解决员工合理的需求，提升员工的幸福感，吸引人才、留住人才，实现企业新的战略转型，形成良性循环。

（3）鼓励创新，认可员工对企业的贡献。新时代员工有其特点，他们有更多的创新想法，同时这一想法渴望得到认可。天能集团非常注重一线员工的创新，并对员工创新给予认可奖励，调动和鼓舞了一线员工年轻员工的工作积极性，激发了员工的幸福感。

（4）企业注重人才培养，积极打造学习型组织。人才是未来企业竞争的关键，员工学习动力强，希望成为公司发展的"关键人"。天能集团是一个平台，天能集团更是一所学校。集团在培养人才方面不遗余力，通过学习，实现每位员工都可以在各自岗位发挥所长，与天能集团这个大平台同进步、共成长，员工的幸福来自于这"免费"的提升自己能力的学习与培训。

（5）注重所在社区幸福，深入持久地开展村企共建工作。天能集团与新川村结对子，不仅仅停留在一时的、表面的捐赠，更多的是深入持久的合作。天能董事长任新川村书记，全心全意为新川村办事；天能集团为新川村提供劳动就业岗位，基础设施建设基金等。天能集团在新川村居民心目中成为幸福的代名词。

本篇启发思考题

1. 什么是幸福企业？新时代的幸福企业有哪些新内涵？
2. 建设幸福企业是否会损害股东利益？
3. 建设幸福企业的动力是什么？
4. 判断新时代幸福企业的标准是什么？
5. 如何构建新时代中国式幸福企业？

资料来源

［1］天能集团官网，http：//www. cn-tn. com/。

［2］天能集团微博，http：//weibo. com/tndc? is_all＝1。

［3］天能集团博客，http：//blog. sina. cn/tiannengdc。

［4］《浙江省十大幸福企业网络评选》，腾讯大浙网，2013 年 11 月 28 日，https：//zj. qq. com/zt2013/sdxfqy/。

［5］《天能集团企业文化手册》，https：//www. docin. com/p－17642413 11. html。

参考文献

［1］刘贤仕. 新时代企业社会责任对竞争力影响的实证研究——以常州上市企业为例［J］. 时代经贸，2018，450（25）：52-54.

［2］张季媛. 幸福企业构建的实践探索与研究——以南京某国资集团为例［J］. 改革与开放，2018，500（23）：170-172.

［3］杨春方. 中国企业社会责任影响因素实证研究［J］. 经济学家，2009，1（1）：66-76.

［4］姜万军，杨东宁，周长辉．中国民营企业社会责任评价体系初探［J］．统计研究，2006（7）：32-36．

［5］杨红娟，胡静，匡磊．新生代员工幸福指数评价指标体系构建［J］．学术探索，2014（6）：84-88．

［6］刘桃，李骥，刘敏等．可持续发展战略对企业社会责任的影响：员工技能培训的调节作用［J］．中国人力资源开发，2019（5）：22-33．

［7］天能集团　打造闭环式绿色产业链［N］．经济日报，2018-4-9，第14版．

［8］天能集团　张天任：天降大任［N］．中华工商时报2019-12-17．

第十一篇

浙大网新：员工幸福是建设幸福企业的根本

吴道友　何秋燕*

优秀员工是企业最宝贵的财富。

——唐仲英

美国唐氏工业集团创始人

案例导读

图片来源：浙大网新集团官网。

建设幸福企业依靠的是每个员工的共同努力，只有员工幸福了，企业才能称之为幸福企业。浙大网新在建设幸福企业过程中，坚持以人为本，主动满足员工的需求，尊重员工的劳动成果，为员工的贡献给予合理的回报，实现了企业快速发展与员工幸福的双赢。

本案例介绍了浙大网新建设幸福企业的指导思想，然后对浙大网新构建和谐劳动关系、

* 作者简介：吴道友（1975-），男，汉族，湖北赤壁，浙江财经大学工商管理学院教授、博士。研究方向：人力资源管理、创业管理。Email：wudaoyou@zufe.edu.cn。何秋燕（1996-），女，汉族，江苏宿迁，浙江财经大学企业管理硕士。研究方向：人力资源管理。Email：Heqiuyan@zufe.edu.cn。

强化高素质人才培养、加大员工健康关爱、营造愉悦工作氛围、积极承担社会责任五个方面对幸福企业建设的举措进行了分析。为实现企业的长远发展，浙大网新努力为员工竞争能力的提升和快乐工作创造良好的发展平台，让员工在舒适的环境中进行创新和发展，公司还鼓励员工参与公益活动，实现员工和企业同步发展，让员工在工作中找到幸福感和尊严。

浙大网新建设幸福企业的举措体现了互联网企业的特点，也为其他互联网类企业建设幸福企业提供了宝贵的经验。

关键词： 和谐的劳动关系；人才培养；社会责任

 前言

员工幸福感是指员工对工作中相关因素的认知评价反馈，是员工的一种主观积极情感体验（任华亮等，2017）。员工幸福感不仅与其对生活的认知和情感评价高度相关，还与其对工作本身、工作条件的满意度密切相关。浙大网新这样的互联网企业建设幸福企业，最重要的就是在员工感受幸福的同时，还能够激发员工的创造力和创新精神，带动企业的发展。

在浙大网新的幸福企业建设中，员工既要有"薪酬"，更需要"心酬"，如工作稳定、成长空间、归属感等。同时，浙大网新鼓励员工参与公益活动，提高员工的公益意识，曾多次举办募捐活动，帮助困难员工。

浙大网新在建设幸福企业的路上，曾荣获"年度最佳雇主"、"优秀合作伙伴"、真爱梦想公益基金会颁发的"真爱陪伴奖"等多种荣誉称号。

在这里，每一位员工都是浙大网新的主人，主张群策群力，为浙大网新更加美好的未来共同奋斗。

 企业简介

浙大网新科技股份有限公司（以下简称"浙大网新"），成立于2001年，创始人是原浙江大学校长潘云鹤，现有员工超过4000人，入围中国软件外包企业20强，IAOP认定的全球外包50强。这是一家以浙江大学综合应用学科为依托的信息技术咨询和服务集团，在北京、上海、杭州、东京、纽约、波士顿等地均拥有一流的软件开发与交付基地，分支机构遍布全球39个城市。

浙大网新是一家持续创新的互联网企业，为提供专业、高效、可信赖的服务，努力树立先进的现代科技经营知识，打造新时代的特色品牌。浙大网新注重企业内部协作精神的培养，提倡团队合作，分工明确，努力营造积极和谐的组织文化和团队氛围，让员工在和谐的人际关系中实现自我价值。浙大网新坚持实事求是、追求创新、用数据说话的原则，培养员工的双赢思维。一直以来，浙大网新尊重每位员工的新想法、新举措，形成充满朝气、拥有"创造与挑战"精神的企业管理风格。

浙大网新坚持以对社会、客户和企业负责的精神精雕细琢每个产品的每一个细节，为社会提供优质的产品和服务，为客户创造价值。在建设幸福企业过程中，浙大网新坚信要发展，人才是关键。为谋求长远发展，建立并完善了人才资源库，努力做到让所有员工人尽其才，才尽其用，让其在本岗位上发挥特长，尽忠职守。

 建设幸福企业的指导思想

一、员工幸福与企业发展息息相关

浙大网新认为员工的幸福指数关乎着企业的发展。浙大网新之所以能够取得全国瞩目的科技成果，依赖的是不可替代的人才和凝聚的人心。没有幸福的员工，便没有有温度的企业，没有全体员工的同心同德，合力拼搏，企业的发展便无从谈起。

浙大网新深知互联网企业的竞争关键在于人才的竞争，而人才的竞争关键在于人心。在企业中牢固树立"发展依靠员工、发展为了员工"的理念。唐仲英曾说"优秀员工是企业最宝贵的财富"，高度认可员工在企业发展中的作用。浙大网新积极开展"幸福之家"建设，引导广大优秀员工成为推进企业发展和维护美好生活的奋斗者，在企业大家庭中获得归属感。

二、效益并非幸福的全部

追求经济效益的增长并不是浙大网新努力的全部。浙大网新在追求幸福的路上，不只是关注经济效益的增长，还关注员工本身是否幸福，员工幸福是浙大网新建设幸福企业的根本。

浙大网新不仅关注企业自身的良好运营，还主动关心员工在工作和生活方面的情况，对需要帮助的员工施以援手。浙大网新作为技术密集型企业，更加强调对专业人才的培养，把"尊重人才、关心人才、培养人才、用好人才"的理念贯穿于企业发展的全过程。企业内部鼓励员工积极参与公益活动，不仅为了树立良好的企业形象，更重要的是能够使浙大网新的员工在活动中获得荣誉感和归属感。

 建设幸福企业的具体举措

规范的用工流程能够得到员工的信任，也是建设幸福企业的基础；培养人才之余不忘对员工健康的重视，体现了浙大网新的"以人为本"；良好的工作气氛和社会责任感有助于培养员工的归属感、责任感、幸福感。

浙大网新非常重视幸福企业建设，分别从构建和谐劳动关系、强化高素质人才培养、加大员工健康关爱、营造愉悦工作氛围、积极承担社会责任五个方面开展幸福企业建设。

一、构建和谐劳动关系，切实保障员工利益

（一）建设和谐劳动关系

和谐的劳动关系是企业经营的基础，是员工幸福的基本保障。浙大网新注重依法经营。公司严格按照《中华人民共和国劳动合同法》及相关法律法规进行员工聘用，在平等、自愿、协商的基础上与员工签订书面劳动合同，依法为员工提供合理薪酬及法定福利。

公司在员工聘用、报酬、培训、晋升、解职等事项中，高度重视员工合法权益的保障，杜绝基于性别、民族、种族、宗教信仰、国籍、政治归属、年龄等之上的歧视，尊重多元文化及宗教信仰。公司遵循"按劳分配"原则，推行基于岗位价值、员工个人发展和绩效提升的薪酬管理体系。

（二）不断完善福利保障体系

企业福利可以提升员工的归属感乃至幸福感，从而增强企业的凝聚力。

浙大网新除了为公司员工提供具有竞争力的薪酬外，还致力于为员工提供完善的福利保障。公司为全体员工缴纳基本养老保险、失业保险、工伤保险、生育保险、医疗保险和住房公积金，推行带薪年休假制度、产假制度、加班补贴制度，为员工提供节假日津贴、午餐津贴、交通津贴、生日礼券、商业医疗保险、定期旅游和团队活动经费等一系列福利项目。

公司还积极为员工建立全面的商业保险体系，作为社会公共保险的补充，为员工在遭受到意外人身伤害、住院治疗、门诊医疗、生育的风险中得到更好的保障。商业保险为员工减轻了后顾之忧，提升了员工的凝聚力，为吸引和保留优秀的人才发挥了重要作用。

（三）着力推进诚信文化

诚信是立身之本，也是建设和谐的企业劳动关系的保证。浙大网新把诚信放在经营管理的第一位，每个员工个体要诚信，才能不损害公司利益；同时，浙大网新也对员工诚信，对员工的每一个承诺都会负责到底。诚信是相互的，员工和企业一旦达成了共识，员工和企业就会紧紧地联系在一起，员工会为了企业更好地发展而努力工作，企业也会更多地回馈给员工，互利共赢。

浙大网新的诚信不仅体现在营造公平、公开、公正的工作环境，既鼓励员工彼此协作，也提倡以合理的方式相互竞争、共同进步；还体现在尊重员工的劳动成果，保护员工的知识产权。对于浙大网新这样的互联网企业来说，创新成果多以专利为载体，因此保护员工的知识产权是保障员工利益的体现，也是促进企业创新发展的关键。

二、专注员工成长，不断完善员工培养体系

（一）完善员工晋升机制

公司始终关注员工成长，鼓励进取，建立和完善企业员工晋升渠道。公司把培养员工主动学习意识，进一步提高员工职业化素质作为人才培养的重要手段。把员工晋升和薪酬紧密挂钩，优化员工薪酬外部竞争能力，优化配置人员结构，强化基于职位、绩效和能力的激励机制。

根据业务发展及人才需求规划，公司所有岗位分为专业技术类、销售

市场类和管理支持类，每类职种类别按知识技能水平的高低、承担责任的大小分为 7 个职级，每个等级内依据公司历史工龄、绩效表现的累积划分为 3 个职等，形成 7 级 21 等的员工职业晋升通道，并据此建立对应的薪资体系。

（二）完善员工培训计划

浙大网新针对管理的实际需要和现实状况，公司通过"员工岗位职责描述"明确对各岗位所需能力和知识的要求，形成较全面的"岗位规范"文本，并以此作为各岗位履行职责和行使职权的依据。通过对员工实施考核评价，找出员工素质与任职岗位的差距，并进行业务、技能培训等，及时提高员工的能力和水平，按照不同的岗位要求，组织员工进行岗位培训，并随公司经营战略、运作方式的变化与发展，适时进行适应性岗位培训。

浙大网新提供的培训机会很多，接触的项目类型也很多，员工能力能够得到有效提升。公司每年制订年度培训计划，整合内外部培训资源，开展工作技能、业务知识等各项培训工作，如法律知识培训、CMMI 体系培训、信息安全教育培训、产品及操作技能培训等，为公司人才的培养提供支持，为员工专业能力的提升提供帮助。截至 2019 年，公司累计开展企业内部培训 1500 余课时，参加学员共计近 5000 人。

浙大网新还积极关注新员工的培训，尤其是应届毕业生的培训，针对职业转化和专业能力提升的需求，建立了一套科学的实训流程和方法学，帮助员工实现知识向行为、技能和工程实践能力的转化，提升新员工的职业发展能力。新员工的培训给浙大网新增加新鲜的血液，通过新老员工思想的碰撞，能够推动企业的创新发展。

（三）建设人才培养基地

浙大网新依托浙江大学的智力资源，在园区内建立软件与信息服务业人才培训基地，并面向金融信息技术专业设立培训项目，由此完善网新体系乃至整个金融信息技术产业的人才储备，促进业务持续发展。

浙大网新与浙江大学定期举办"浙大电脑节"活动，通过电脑节发掘培养有潜力、敢创新的计算机人才，浙大网新把这些有发展潜力的计算机人才招募到企业中，给予他们创新所需的各种资源，充分挖掘他们的潜力，为公司输送了一批又一批有潜力的计算机人才，推动了浙大网新的创新发展。

三、关爱员工身心健康

（一）定期免费体检和健康沙龙

浙大网新为保障员工的身体健康，每年选择大型正规的体检中心，定期安排员工免费体检，对于员工检查后所出现的疾病，能够及时地通过医疗手段，让员工尽快恢复健康，节省了员工与企业医疗费用的支出，增强了企业与员工的良好关系，并提升企业的形象。

同时，浙大网新多渠道向员工讲授保健方法和健康的生活理念，举办多种形式的健康沙龙。每到季节变化或有大型流行病发生时，公司及时向员工发布预防疾病的方法。健康沙龙不仅包括疾病预防，还涉及美肤、营养、纤体、健体、环境、食物等多个方面。

（二）关注员工的心理健康

浙大网新长期以来一直非常关注员工的职业心理健康，开展跨部门的心理健康教育与咨询，注重人文关怀和心理疏导，同时建立沟通机制，要求经理人深入基层，了解员工的思想动态，帮助员工解决实际问题。心理不健康和亚健康困扰着越来越多的员工，如抑郁、压抑、烦躁、失眠、焦虑等不良情绪不能得到有效释放，长期累积很容易危害职工的身心健康，甚至会造成工作上的重大失误。解决这些问题的核心目的在于使员工在纷繁复杂的个人问题中得到解脱，减轻员工的压力，增进其身心健康，希望员工建立良好的价值观、生活观，能够快乐的工作和幸福的生活。

（三）丰富多彩的文体活动

浙大网新的文体俱乐部是由员工自发组织，自主管理，所涉派别包括"活力俱乐部""亲子俱乐部""读书俱乐部""桌游俱乐部""爱心俱乐部"等。除了每周常规组织的球类、舞蹈类、游泳类体育活动外，还先后开展或参与了摄影培训活动、马拉松比赛、趣味运动会、春秋季亲子活动、员工旅行、员工联谊、朗诵比赛等。此外，公司设立的图书架一直定期购置新书，为员工学习提供窗口，给有意愿提升自己技能的员工提供便捷。

企业始于人而止于人，员工是企业健康运营和持续发展的重要保障。公司一直努力为员工提供广阔的事业平台，良好的企业文化和有竞争力的工作回报。基于对员工的认同和信任，公司鼓励由员工来组织丰富多样的内外部活动，营造健康、乐观、拼搏的氛围，让每一位员工都年轻快乐、干劲十足。

四、营造良好工作氛围，形成和谐企业文化

（一）民主的公司管理

浙大网新的发展，靠的不是某个人的力量，而是公司上上下下所有员工的共同努力。公司设置了职工监事，确保员工在公司治理中享有充分的权利。公司设有工会，在公司领导的支持下，工会充分发挥双向沟通机制，做到及时沟通、快速回应，对员工及其家人的关心和利益维护落在实处，实现企业决策的民主化、规范化和科学化。在这里，员工的想法和诉求基本上能够得到有效的回应，浙大网新通过了解员工们的想法，及时调整公司的管理策略，使员工的发展和企业的发展相适应。

浙大网新的工会主席赵秀美经过公开选举，当选杭州市三墩镇人大代表。她既是员工的代言人，又是员工的表率者。她将更多地去倾听、了解群众的想法和建议，下情上达，为促进网新和谐献计献策。在她的带领下，员工们的工作氛围很活跃，大家都很愿意在一起交流和分享经验。中国人有强烈的"家"文化情怀，以组织为家的"单位"情结是员工归属、尊重与成就感的基础，也是员工幸福的重要一环。

（二）舒适的工作环境

自从搬进了自建的办公园区后，浙大网新便将提高办公舒适度作为完善工作环境的重中之重，为员工提供宽敞的更衣室、母婴哺乳室、茶水间、休息室和健身场所。浙大网新指导园区物业，致力于打造一个花园式的产业园区，在绿化、环境卫生、安全等方面管理到位，为员工提供一个环境优美、安全舒适的工作环境。浙大网新还注重园区绿化的养护工作，鼓励员工认领或种植各类花卉盆栽，营造健康舒适的办公环境。

浙大网新以创新为企业文化基因，把优秀员工视为企业最宝贵的财富，坚持为员工营造包容及多元化的工作氛围。通过调研发现，很多员工都说浙大网新部门分工较为明确，办事效率也不错，这里的工作强度在 IT 行业的公司里算比较轻松的，员工压力保持一般水平，公司管理没有出现过于松散或太大压力的极端。

（三）廉洁的企业文化

廉洁管理的重点是管理好涉及人、财、物等敏感岗位的人员，浙大网新不定期举办学习班，加强廉洁教育和政策法规等内容的学习，定期岗位交流，最大限度降低岗位风险。浙大网新的廉洁文化建设以管理者为引领，以浙大网新的员工为主体，不断丰富廉洁文化的宣传形式，建立完善的管理制度，提高员工参与的积极性、感染力和影响力，营造良好的文化氛围，真正让廉洁铭记于心、落实于行，充分体现员工在廉洁文化建设中的主体地位。

浙大网新注重规范经营，建立健全了规范的内部运营体系，将公司内部控制和风险管理制度，融入公司经营管理体系之中。公司管理团队不断增强自律意识，崇尚廉洁风尚，不徇私情，不谋私利，筑牢道德防线，围绕权力运行的重点领域和关键环节，开展不同岗位、不同职责的廉洁教育，进一步增强经营管理人员和有业务处置权人员廉洁从业的自觉性，从而有效地规范公司管理，切实保证对员工权益的保护。

五、积极承担企业社会责任

（一）帮助困难员工和群众

回报社会是浙大网新的使命。浙大网新不仅积极为社会提供更多的就业机会、锻炼和实习场所，提升人们的就业能力，还积极投身社会公益事业、自觉履行企业公民义务。2018 年，浙大网新开展"冬日送温暖，守护微心愿"活动，浙大网新以志愿者身份为象山重症困境儿童办了一场新年派对，送出新年礼物；年末还对公司困难职工家庭给予经济补助。

浙大网新运用"云计算、大数据、互联网+"等新一代信息技术持续跟踪、支撑残疾人小康发展计划的实施，积极倡导和践行面向广大残疾人的"智慧助残、精准服务"工程。围绕残疾人就业创业问题，公司继续维护并更新中国残疾人服务网，为用户提供更好的使用体验。

（二）鼓励员工参与公益活动

浙大网新员工积极参与公益活动，员工以志愿者身份参与现场义卖、陪跑等活动。通过调动积极性，鼓励全员参与公益活动，不仅实实在在为公益活动做贡献，也提高了员工的公益意识、公益参与度。另外，浙大网新还推出"公益假"制度，即浙大网新集团志愿者参加经由协会审核的公益项目可享受最多 2 天/年公益假期，同时享有一定的补贴。以此吸引和鼓励员工关注公益、投身爱的事业。

浙大网新首次采用"创新互联网+公益"新模式，面向全体员工、各界朋友和热心人士发起"助力农民工子女梦想"的公益众筹，为杭州滨虹学校的 2000 多名农民工子弟建设一间提供完善素质教育服务的梦想中心。活动期间，共有 1300 人积极参与，累计发起 1177 次募集行动，项目如期完成，成为了浙大网新捐建的第 13 所梦想中心。对于浙大网新而言，做公益已成为不可或缺的一部分。在未来，浙大网新将持续助力公益，联结更多资源，与爱同行。

（三）推行"绿色办公"

浙大网新以保护环境为己任，积极倡导绿色、低碳的办公和生活方式，通过各类活动和宣传，鼓励员工践行环保事业，浙大网新从事的主营业务本身就是低耗能产业，在开发、生产、销售的过程中不产生灰尘、废气、废水、废渣或噪声等污染物，不对环境造成污染。

通过积极研发办公云平台，使用 ERP 系统、OA 系统等现代信息技术手段，推荐云笔记本等新型办公工具，让企业资料脱离纸质载体，实现无纸化"绿色办公"。如办公区域张贴节能标识，随处给予员工温馨提示；增设出行班车，线路扩大至城市各主要区域，鼓励员工搭乘，倡导低碳出行。

 经验借鉴

按照波特—劳勒激励模型，在其他因素不变的情况下，如员工工作意愿强烈、能力可得到有效发挥，其绩效更容易提高。员工是否带着归属感和幸福感工作，做出来的成果可能完全不一样（朱美朔，2019）。只有少数人的幸福，很难说是幸福企业。企业应给予员工更多的自主选择，更广的内部社交网络，吸引、保留和激励优秀的人才，收获更多员工的归属感和幸福感，用每一位员工对企业的向心力，就可以凝聚整个公司员工的人心。

一、依法用工，构建和谐劳动关系

要构建和谐的劳动关系离不开依法用工，依法用工是构建和谐劳动关系的基础所在。依法用工不仅体现在订立有效的书面劳动合同、建立健全企业内部规章制度，还体现在提供合理有效的福利保障，让员工免除后顾之忧，全身心投入工作。建设和谐的劳动关系还离不开诚信，企业需要塑造重诚信的文化。只有企业上下秉承"诚实守信，合作共赢"的经营理念，员工和企业才能共同进步和发展。作为企业，应当摒弃落后的用工观念，依法用工，善待职工，形成融洽和谐的劳动关系，让企业具有吸引力和凝聚力，从而获得优质的人力资源，使其转化为企业的竞争力。

浙大网新无论在员工的招聘、培训、薪酬发放，还是在解除劳动关系的各个环节中，都严格遵守国家相关的劳动法律、法规，保障员工的合法权利，员工可以获得应有的报酬和福利。浙大网新和员工之间彼此信任，这份信任在企业中联结着每一位员工，网新给予他们信任、尊重和温暖，员工回报网新以忠诚和努力。

二、情感激励，处处展现员工关怀

一个企业如果不愿把收益最大回报给自己的员工，让员工收入总是停留在低层次，这在很大程度上会降低员工对企业的认同感、忠诚度，非常不利于企业的长远和稳定发展。每个人都渴望被尊重和认同。心理学研究表明，对人最痛苦的惩罚不是肉体上的折磨，而是孤立。人们都需要归属感，都渴望被认同，这无疑给企业管理带来了极大的便利。浙大网新从满足员工的需求出发，"以人为本"制定的工作各项制度，处处体现着对员工的关爱，营造家的味道，快乐工作、收获幸福、获得尊重，潜移默化中形成了共同或趋同的价值观和归属感。

浙大网新定期给员工进行免费体检并举办健康沙龙，密切关注员工心理和生理的健康，这是浙大网新建设成为幸福企业的重要举措。现代社会想要建设成为幸福的企业也要将这份温情延续。健康是一个人的生命之源、力量之本，员工是企业最大的财富。用人单位需要温情化管理，将员工的健康视为最大的关键绩效指标（KPI），才能走得更远。

三、人才培养，完善内部培训和晋升机制

建设幸福企业离不开人才。人才作为企业中最具核心竞争力的因素，对企业的经营发展起到至关重要的作用。企业可将人才培养作为企业文化建设的一部分，提升人才的工作热情和进取心，提高企业内部人才的竞争和创新意识，促进技术密集型企业的高速发展。同时，还需要充分考虑企业内部的晋升机制，清晰畅通的晋升机制能够激励员工。因此，完善企业内部的培训计划和晋升机制不仅有利于企业内部培养人才，也有利于员工个人职业生涯的发展。

浙大网新专注人才的培养，完善人才的培养体系和晋升机制，并进行及时有效的培训，对各岗位所需能力和知识的要求进行有重点的培训和提升，把晋升与培训和薪酬福利挂钩，不仅提升了技术和能力，还能够获得归属感和幸福感，这对浙大网新留住核心人才有重要的意义。

本篇启发思考题

1. 什么是波特—劳勒激励模型？
2. 互联网企业和传统企业在建设幸福企业时有何不同？
3. 浙大网新是如何建设幸福企业的？

资料来源

［1］浙大网新科技股份有限公司官网，http：//www. insigmagroup. com. cn/。

［2］浙大网新 2019 年半年度董事会经营评述，http：//yuanchuang. 10jqka. com. cn/20190820/c613396209. shtml。

参考文献

［1］任华亮，郑莹，邵建平. 幸福能否带来创新［J］. 商业经济与管理，2017，36（2）：43-49.

［2］刘林，梅强，吴金南. 员工幸福感、工作应激与创新行为：感知组织支持的调节作用［J/OL］. 科技进步与对策，http：//kns. cnki. net/kcms/

detail/42. 1224. G3. 20191216. 0908. 014. html.

　　［3］朱美朔．员工健康是企业最大的 KPI［N］．健康时报，2019-11-29（001）．

　　［4］李菲．互联网企业员工激励研究［D］．东北师范大学，2017．

　　［5］张广仁，张志伟．构建幸福企业，提升员工幸福感［J］．商，2015（6）：24．

　　［6］李瑞．马克思幸福观探析［J］．法制与社会，2020（3）：237-238．

　　［7］张秀华．以员工幸福为导向建设有温度企业［J］．中国电力企业管理，2019（29）：72-73．

第十二篇

横店影视城：梦想照进现实的幸福

张维维　唐　怡[*]

作为服务型企业，每个员工都将面对顾客，只有他们发自内心的微笑和自豪，才能让客户真正满意。我们承诺横店影视城是一所大学校，每个员工在获得合理收入的同时，还能有良好的互动学习和成长机会。

——殷旭
横店集团资深副总裁

案例导读

图片来源：横店影视城官网。

---

　*　作者简介：张维维（1984-），女，土家族，湖南张家界，浙江财经大学工商管理学院副教授、博士。研究方向：人力资源管理、社会企业。Email: zww20140035@zufe.edu.cn。唐怡（1996-），女，汉族，浙江金华，浙江财经大学工商管理学院研究生，硕士。研究方向：人力资源管理、社会企业。Email：zjjhlxty@163.com。

当前，很多的企业意识到，良好的薪酬与福利不再是构建幸福企业的唯一因素，满足员工及利益相关者成就、梦想等高层次的需求则是幸福感的重要来源。

本案例将介绍横店影视城的创业者、员工、剧组、剧组演员、旅游者以及当地居民等利益相关者如何在这个平台上实现自己的梦想，成为最幸福的追梦人，同时也让横店影视城成为幸福的代名词，成为现代幸福企业建设的典范。

横店影视城作为一家服务型企业，在幸福企业管理方面有自己的探索和思考，为其他企业，尤其是服务型企业打造幸福企业提供了经验。

关键词： 横店影视城；幸福企业；利益相关者；梦想

 前言

横店地处浙江中部半山区丘陵地带，人多地少，交通不便，原属东阳市农村贫困区。然而，在徐文荣的带领下，经过 20 多年的艰苦奋斗，乡镇企业横店集团从一个小丝厂起家，至今已发展成为拥有总资产达 50 多亿元的全国特大型乡镇企业集团。横店影视城就是横店集团在 1996 年为配合著名导演谢晋拍摄历史巨片《鸦片战争》而建，并对社会正式开放。

自成立以来，横店影视城也获得了诸多荣誉。横店影视城创造和打破了中国世界纪录协会多项中国纪录，入选世界纪录协会中国最大影视城，创造了多项世界之最。全球规模最大的影视实景拍摄基地、首个国家级影视产业实验区、国家 AAAAA 级旅游景区……截至 2019 年 8 月底，横店已累计投入数百亿元资金，搭建起横跨春秋战国到近现代的 30 多座大型影视实景拍摄基地，设有 100 多个室内摄影棚，累计接待中外剧组超过 2500 个，拍摄影视作品 64000 多部（集）。

横店影视城也一直致力于幸福企业的建设，不断拓宽和纵深幸福企业的内涵。早在 2013 年，在由浙报传媒集团今日早报社、腾讯·大浙网共同承办的“寻找浙江省十大幸福企业”活动中，浙江横店影视城有限公司高分入选。浙江横店影视城从十年前 50% 的员工流失率到如今不到 2%，成为员工不愿离开的企业，并且在服务业内坚守员工和游客平等的典范，书写了“横漂”一族的幸福生活。

横店影视城创始人徐文荣应邀出席第五届世界浙商大会并荣获“2019 全球浙商金奖”。组委会给徐文荣的颁奖词是：“‘演绎浙商精神，创业永无止境'。创业创新，黄土黄金，无中生有，平地高楼。充满家国情怀，再造圆明新园；凭借创造性智慧，打造'中国好莱坞'。"作为浙商传奇人物之一，徐文荣携手横店居民花了45年时间共同筑造了自己的"影视城梦"和"共同富裕梦"，打造了横店影视城为他人"追梦""圆梦"提供帮助。

 企业简介

　　浙江横店影视城有限公司位于浙江省东阳市横店镇，是中国特大型民营企业——横店集团的子公司。横店镇方圆仅10平方千米，没有名山大川，也没有名胜古迹，这里却聚拢了十几个大型实景基地和四十几座高科技大型室内摄影棚，聚集着700多家影视企业，是我国唯一的"国家级影视产业实验区"、全球规模最大的影视拍摄基地，是闻名世界的"中国好莱坞"。除此以外，横店影视城还有龙景雷迪森庄园、贵宾楼、丰景嘉丽大酒店、国贸大厦、旅游大厦、影星酒店等从五星级到商务经济型酒店50多家，以及影视管理服务公司、汽车运输公司等十多个服务于影视与旅游的子公司，直接从事影视和旅游服务的员工5500多人。据了解，截至2019年底，横店影视城共接待中外游客1918万人次，接待电影电视剧组310个。

　　横店影视城秉持"共创、共有、共富、共享"的观点，认为横店影视城是一个大家共创共有的地方，横店影视城致力于为利益相关者提供一个实现梦想的舞台，让他们成为最幸福的人。

　　横店影视城遵循"影视为表、旅游为里、文化为魂"的发展和经营战略，通过营销、产品、管理三位一体卓有成效的创新运营，创建了影视和旅游交融互动，快速稳健发展的影视旅游特色经营业态。在不断完善影视产业链，积聚影视文化资源的同时，实现了影视拍摄基地向国家AAAAA级旅游景区的转型，进而使横店影视城成为中国规模最大的影视旅游主题公园群，全球规模最大、产业要素最集聚的影视基地，完成了横店影视城从纯观光景区向观光与休闲相结合的复合型旅游目的地的华丽转身，稳步向"影视名城，休闲小镇"目标迈进。

 建设幸福企业的指导思想

　　横店影视城创始人徐文荣先生树立了"共创、共有、共富、共享"这样朴素而崇高的价值观念，感召了一批兢兢业业、有能力、有知识的人才在横店创业。共创是前提，就是横店影视城的每一个成员要通过自己的积极、主动、创造性的劳动来共同创造出日益增多的物质成果和精神文明成果；共有是基础，既然共同创造就应当是共同所有；共富是宗旨，横店办企业的宗旨就是多赚钱，多为人民办好事，走共同富裕道路；共享是横店社团的经济出发点和归宿，社团成员是物质和精神文化成果的共同创造者，理所当然，他们应当是共享者。

浙江横店影视城有限公司董事长兼总经理殷旭说出了创建幸福企业的秘诀和重要性："作为服务型企业，每个员工都将面对顾客，只有他们发自内心的微笑和自豪，才能让客人真正满意。我们承诺横店影视城是一所大学校，每个员工在获得合理收入的同时，还能有良好的互动学习和成长机会。"

因此，横店的创业者和缔造者打造横店影视城这一片为人"圆梦"的帝国，创始人、员工、剧组、演员、旅游者以及当地居民都在这里追求和实现自己的梦想，让自己成为幸福的人，让企业成为幸福企业，携手共同为社会创造出更多的物质成果和精神文明成果。

 建设幸福企业的整体思路

横店影视城作为一个服务型企业，管理者深信只有员工幸福，他们才能有发自内心的微笑和自豪，才能让顾客满意。同时，这种积极的幸福的态度也会影响顾客，让企业的顾客成为幸福的消费者。而对于"幸福"的理解，横店影视城认为，每个人都有自己的梦想，在追求自己的梦想，实现梦想的过程中会让人倍感幸福。因此，横店影视城致力于为利益相关者提供平台，让他们在横店影视城这个舞台上追求梦想、实现梦想，成为幸福的人，让横店影视城成为幸福的企业。

创始人徐文荣在横店影视城收获了多年来重建圆明园的梦想，他希望能通过横店让沉寂了百年的圆明园重新散发活力，是对中华文明的传承；数万横店居民在横店实现了家家小康的梦想，城市优美、百姓富裕就是横店人永恒的奋斗目标；员工在横店影视城受到了"宝贝"一样的待遇，横店像一个大家庭一样接纳来自五湖四海的员工，不断提高员工生活水平，不仅为员工排忧解难，更为员工规划未来职业生涯；剧组在横店影视城不仅享受到完整、专业的标准影视服务流程，还能使用全国最齐全的摄影设备，横店影视城为全国众多剧组提供专业服务，帮助剧组完成高质量的影视作品；群众演员们不仅在横店影视城实现了"演员梦"，还能凭借自己的努力以及横店众多的表演机会来赚钱养活自己，最终将梦想当饭吃；游客们除了在横店能够穿越古今过把"演员瘾"之外，还能不时见到各路大牌明星，能与偶像近距离接触对"粉丝"来说也是一种幸福。多样的幸福模式构成了新时代幸福企业的样本。

 建设幸福企业的具体举措

基于对幸福的理解，横店影视城始终致力于为利益相关者提供梦想实现的平台，创业者、员工、居民、剧组、"横漂"、游客以及粉丝等都在横店影视城实现了自己的梦想，收获了幸福。

一、创业者："当年的痴人说梦，如今的梦想成真"

横店创始人徐文荣在将近 40 岁时看中了当时还是一片荒凉的横店，他有一个梦想，就是要让这里变成欣欣向荣的旅游胜地。因此，他不顾周围人的阻止，决定在这里搞旅游开发。徐文荣就这样用自己手中的资源，将这片土地一点一点地开发出来。尽管当时他建立起来的度假村设施非常简单粗糙，但却成为后来横店的基础。巧合下，一位导演看到了横店的风景之后，选择在这里拍电影，也就是这部电影，让横店被世人熟知，而横店的设定也从最开始的旅游胜地变成了后来的影视基地，后续建设的秦王宫、清明上河图、明清宫苑、梦幻谷等，使得一个曾经偏远荒凉的小镇横店一举成为世界闻名的"东方好莱坞"，极大地带动了当地的旅游业，也让当地人民过上了更好的生活。正是从那个时候开始，靠着工业积累起"第一桶金"的横店人，开始思考文化力的可能性，"1996 年决定建设广州街时，人人都说'这里交通不便、遍地荒山、鲜有文化，搞影视文化城就是痴人说梦'，谁想现在梦想成真！"

《鸦片战争》电影拍摄之后，徐文荣看到横店发展的机遇，便将各种古建筑"搬"到横店，重建名胜古迹，打造影视城。长街古殿建成后，许多电影电视剧都是在横店拍摄完成，徐文荣将横店发展到又一个巅峰。虽然各式各样的古建筑在横店已相继建成，但是徐文荣心中一直有一个愿望，就是重建圆明园。一次偶然的机会他看到对英法联军洗劫圆明园的细节描写，徐文荣便有了新的认识。重新对圆明园进行修建，是爱国情怀，也可以让人们重新认识祖先的睿智与惊人的创造力，领略传统文化的精髓所在，意义重大。他曾这样说过：重建圆明园，既是我一生的文化梦想，也是一项文化工程。尽管困难重重，尽管有许多人反对，徐文荣毅然坚持下来了。重建圆明园是徐文荣的信念，更是一种信仰。圆明园以一比一的比例复制到横店，总投资300亿元。正是因为这个耄耋老人的坚持，传统文化才得到了更好的传承与发展。

二、员工：“物质和梦想亦可兼得”

薪酬福利虽然不是员工幸福的唯一因素，但仍然是重要因素。看一家企业员工的幸福度，首先要看老板乐意给员工付多少工资。薪酬高低，不能光看平均工资水平和中高层的收入，而是要把目光转向一线员工的兜里。在横店影视城，一线员工的平均工资往年的涨幅是15%以上，在效益良好的情况下涨幅可以达到27%以上。不仅如此，横店影视城为员工配备的住宿条件一流，两个人一间套房，不收取任何费用，里面还有空调、电视、宽带、热水器等。而对于管理层员工来说，在横店每年赚5万元比在城里赚10万元更幸福，这也得益于横店消费水平不高并且福利待遇良好，钱省得下来，这也是许多员工拒绝其他企业高薪挖墙脚的理由之一。

高质量的后勤工作也让员工觉得幸福感满满。横店影视城各相关部门积极行动起来，绞尽脑汁为员工提供生活保障。在严寒尚未到来之前，就为员工定做各种防寒物品，保障热水器、空调都能正常使用，并且最大程度地确保员工都能吃上热乎乎的饭菜。同样，在烈日炎炎的夏季，横店影视城的领导们亲切问候员工，亲自为员工“送清凉”，并为员工发放降暑药物、草帽等物品，专门设立员工休息点为员工补充能量。这也是工作压力大但是员工流失率最小的梦幻谷景区的“幸福秘诀”，对一线员工是“几乎不计成本的大方”。

横店影视城一直将员工当作“宝贝”，除了尽力在生活上给员工提供最好的条件外，一些困难员工也时刻牵动着横店影视城高层的心。横店影视城在特殊员工补助方面，也有自己的一套。针对家里有困难或是有其他特殊情况的员工，上级除了做好必要安抚工作之外，还需要主动上报公司，公司会酌情考虑情况给予员工一定特殊补助，有些补助金额甚至比员工的年薪还高。2019 年横店影视城已经发放了 98000 万元，并为一些特别困难的员工向横店集团总部和东阳市总工会申请到了困难补助金。这样的举动看在员工眼里，温暖在员工的心里。

横店影视城也非常重视员工的健康，为员工安排了每年一次体检，让员工能及时准确地了解自身的健康状况。除此之外，公司还每年策划 10 多种关爱员工的企业活动，如公司每年组织一次员工免费旅游等。横店影视城下属的酒店管理公司的清卫员多为外地员工。为了使员工放心，公司专门开设了员工子女"内部免费托管"服务，解决了员工子女寒暑假无人照看的困难。他们利用员工活动中心的场地和器材，另外安排一名看护人员，为孩子们提供一顿午餐，这可以帮员工扫除掉最后的一点顾虑。

对于大多数"80 后""90 后"的年轻人来说，拥有一份稳定的工作、不错的收入，已不再是他们对工作的唯一追求，能否获得一个较好的职业发展空间、实现自我理想与现实工作相促进的和谐状态，已成为越来越多人择业的关键所在。横店影视城牢牢把握了这一趋势，将员工的职业发展前景列入人力资源日常管理，并开通多个渠道为员工创造机会。横店影视城制定了《储备人才管理办法》，人才库随时更新，达到标准的员工即可进入储备人才行列，成为储备人才后有资格竞聘相应管理岗位。企业有了相应制度，很多员工都在提升综合技能，不断寻求新的机会。横店影视城认为，员工个人的发展需要公司提供平台，而公司发展要靠人才。公司需要关注到员工的可持续发展，做好员工的职业规划和职业技能培训，才能把员工个人发展和公司整体发展更好地联系在一起，最终实现公司和员工的互利双赢。

横店影视城也在不断思考如何延长员工的职业生涯，如何使员工更长远地在岗位上发光发热。横店影视城为旗下演员们提供多次赴艺术名校进修的学习机会，不仅学费全包还照常发薪水。除此之外，为了提升基层管理人员的素质与企业管理水平，横店影视城还与当地高校联合办学，设立大专班，让更多的基层管理者在岗位上有了学习、提升的机会，根据演员自身的喜好和兴趣来规划他们今后的职业生涯。但是，由于行业特殊性，当年轻员工由于各种原因不再适合待在原来岗位上时，横店影视城也绝不放弃任何一名员工，一定帮他们找到更适合自己的岗位来拓展职业空间，在适合自己的岗位上继续发挥才能。不仅如此，横店影视城还十分注重员工晋升形式，从 2007 年开始就通过竞聘的方式让更多一线员工走上管理岗位，这不仅为员工们提供了更广阔的发展平台，也在公司内部建立了平等融洽的工作氛围以及积极进取的职场心态。

多年来，横店影视城在关怀员工上一直力尽所能，不仅各方面的保障与福利到位，更重要的是它可以为大家"托底"，为身处其中的员工筑起一道"安心墙"，让大家感到踏实与幸福。

三、居民："我们过上了梦寐以求的生活"

走在横店的大街上，这里人们生活的幸福感可见、可听、可感。按幸福指数计算，横店已与中国香港相当，甚至超过中国香港居民。2016 年，中国国家级特色小镇首批名单公布，横店入选。作为已经成熟的影视及旅游名城，其产城融合及可持续发展十分典型，被誉为"工业化、影视化、城市化"和谐发展的"世界影视文化名城、国际旅游休闲之都"。在集团五万名员工的共同努力下，带动周边产业及数十万百姓脱贫致富、实现小康，横店当地百姓的生活水平指标已经名列全省乃至全国前茅，并且不断追逐"工业强盛、文化领先、城市优美、百姓幸福"的横店新梦。以企业发展带动社区经济和社区繁荣，横店——一个现代休闲都市已经建成。"我以前是农民，现在当演员、投网剧，还做艺人培训、演员经纪。"横店居民的职业升级也折射出影视文化产业的辐射强度。当群众演员、出租房屋、给剧组开车、卖盒饭……借助于影视延伸出的服装、化妆、道具、演员经纪等产业链，全镇就业率达到100%。古希腊哲学家欧里庇得斯说：出生在一座著名的城市里，是一个人幸福的首要条件。"有的农村留不住人，横店是连外地人都赶着来扎根！"当地人的"炫耀"使人们感受到影视产业给当地带来活力，自成一出好戏。

据新华社记者调查，1993 年横店人均收入 4700 元，农民人均收入 3200多元，已实现小康。2018 年，由中央各部委 18 个专家组成的专家组，对横店幸福指数体系调查研究后得出的结论显示，2018 年横店 10 万农民人均年收入达到 6.5 万元，住房、医疗、保险保障、文化、教育、卫生、安全、环境等指标和满意度显示，横店已经从小康阶段迈向高收入阶段，基本达到现代化程度。横店居民人均住房面积 69.4 平方米，远超小康标准的人均 35 平方米、高收入国家的 46.6 平方米。横店居民的小汽车拥有量超过每百人汽车拥有量全国第一的苏州。横店人"很幸福"和"非常幸福"比例达到了 95% 以上，横店居民的总体满意度达到 93.5%。城市化生活也使得当地村民幸福感满满，足不出户就能享受各种福利，用当地人的话说就是，"做横店人真幸福，生活在横店真好，我们过上了别人羡慕的生活!"

四、剧组："横店给予了我们实现梦想的平台"

横店影视城是全球最大、中国最全的影视拍摄基地。20 世纪 90 年代初的时候，横店集团投入建设了一大批供影视剧组拍摄的场景，从 2000 年开始，横店影视城对外宣布，实景基地对剧组拍摄免收场租，所有剧组免费进场。2019 年 3 月，浙江省政府正式批复同意设立横店影视文化产业集聚区，这意味着横店影视文化产业从此进入集聚发展的新阶段。截至 2020 年初，横店累计接待剧组 2000 多个，拍摄电视、电影、电视剧有 6.8 万多部，接待的游客累计达到 1.7 亿人次，2019 年突破 1900 万人次，在横店的横漂达到 8 万多人，直接创造的就业岗位达到 5 万多个，占到横店镇劳动力就业总数的 50%以上。2014～2018 年在横店的 1800 多家影视企业，累计为东阳创造 1257 亿元的营收和 130 多亿元的税收。

为了保证影视服务的专业性和完整性，横店影视城成立负责所有影视拍摄相关事务的专业公司，为影视拍摄机构提供各个档次的宾馆、酒店、场景拍摄等服务；为剧组提供大量群众演员、特约演员、武行演员和经验丰富的技工、场工、杂工，并为剧组提供各类拍摄配套服务；提供各类影视器材、道具、服装、车辆、马匹等租赁业务信息。同时，公司还配备了一批资深协拍经理和演员经纪，协助各影视剧组拍摄工作顺利完成。由于真诚服务、业务能力娴熟、排忧解难迅速快捷、工作效率较高，博得了各影视拍摄剧组的广泛好评。

横店影视城对剧组接待有一套标准的体系流程。先是公司专人陪同看景，签订拍摄协议后可享受其余配套服务（宾馆、餐饮、制景、器具租赁、安保等），并为剧组提供群众、特约演员等。为保证更好地服务剧组，横店影视城还投入资金建设若干甲、乙级摄影棚。目前现有内景、街道、花园场景约 276个，其中古装场景 106 个，年代戏场景 170 个；现有摄影棚 20 个，甲级摄影棚 6 个，其中华夏园摄影棚是在两个乙级摄影棚的基础上重新设计，共耗资 1.2 亿元。甲级摄影棚内配备了可提供剧组临时存放道具的道具库和剧组工作人员休息用房，棚外配置了剧组贵宾休息间、化妆间、服装间、练功房等附属用房与突发事故安全逃生通道。此外，摄影棚还配备基本的照明设施、排水设施、暖通设施、雨淋喷淋、消防设施、网络通信设施等。除华夏园摄影棚外，还有广州街区域摄影棚、长征摄影棚、民国街制景棚，各摄影棚区域内均采用统一进出管理，建有指定的专用停车场与剧组生活区，执行安全监控各通道、门口区域，实行账务统一结算，并配备专业化的服务团队与制景团队。

2020 年初，突如其来的疫情，让影视行业成为了重灾区。为了打赢这场"疫战"，横店集团控股有限公司不仅为疫情防控捐款 2200 万元，还出台了多条针对影视剧组的帮扶举措。在新型冠状病毒感染的肺炎疫情防控中，横店影视城也在第一时间积极响应各级政府的防疫工作部署，积极采取应急措施，严格执行对所有摄影棚、拍摄场景进行清洗消毒。本着对所有横店剧组人员负责的态度，横店影视城对所有在横店剧组人员开展排摸工作，全面整理了 20 个在拍剧组及 11 个筹备剧组，共计 6600 多名剧组工作人员名单，对武汉籍以及近期有过与武汉人接触史的人员进行了摸排。

为做好防控工作，自 1 月 27 日横店影视城下发暂停拍摄公告以来，30 多个在拍和筹备拍摄的剧组全部停工，原地休整待命。针对停工后目前仍留守在横店的剧组，横店影视城除了做好严格的疫情防控外，还为他们准备了生活安排，如免费向剧组人员提供健身场所和健身器材；帮助剧组人员采购生活用品等。与此同时，横店影视城还出台了多条针对影视剧组的帮扶举措，从 1 月 28 日停拍日起至政府相关部门通知恢复拍摄日止，横店影视城下属所有拍摄基地、摄影棚费用全免；剧组人员在横店影视城旗下各酒店的房费减半。

横店影视城不仅为大大小小的剧组提供各种齐全、专业的影视设备，帮助每个剧组都能在横店完成高质量的影视作品，完成他们的影视梦想；本着负责任的态度，为进一步减少剧组损失，在疫情期间除了提供各种免费的生活安排以外，还主动减免设备租金。在这样处处为剧组着想的横店影视城里拍戏又何尝不是一种幸福呢？

五、"横漂"："从群演到明星的境遇"

许多"横漂"为了梦想踏上横店这块土地，就是为了能在有生之年实现自己的演员梦。张云就是这样的一位"横漂"演员，因为从小就喜欢看武侠片，所以一直在找机会实现这个演员梦。自从知道有横店影视城这样既有演员又有演员工会做保障的影视基地后，就天天琢磨去横店拍戏，再也无心主业。于是，大半年后终于下定决心踏上了去横店的火车。他从一名群众演员做起，每天都坚持拍戏，不管有多苦多累。通过自己坚持不懈的努力，在不到一个月的时间后，开始接一些形象特约了，慢慢给自己有了一些定位，觉得自己适合演什么类型的人物，就朝这些人物的形象靠近。后来，他坚持练戏、练台词，接了不少有台词的特约，也演过十几部戏的小角色。通过几部戏的磨练，张云发现了自己在人物性格上的可塑性。

除了像张云这样的外地演员来横店追寻梦想，不少外国人也在横店体验现实中无法去做的事。在横店，不仅有光鲜靓丽的大明星，还有那些蹲在剧组等待机会的群众演员，麦克曾经也是群众演员中的一员。但幸运的是，从入行起，麦克的片约一直不断，目前已经从群众演员变成一名特约演员。小的时候，麦克经常在影视剧中看到中国功夫，而且非常喜欢李小龙、成龙等武打明星。"他们的功夫很厉害，演的都是伸张正义的大英雄，演得那么逼真，太帅了！"表演的天赋和俊朗的外形让麦克在学校脱颖而出。后来，一位横店的经纪人看到麦克的照片和视频，一眼相中了他。就这样，麦克开始了他在横店的表演之路。初来乍到的麦克什么戏都接。即使只是一些小配角，没有几个镜头，他也很珍惜出演机会并很开心地投入其中。经过几年的磨练，麦克成为一名特约演员，还在横店有了自己的经纪人。当然，拍戏更吸引他的是可以体验很多在现实世界中无法去做的事情。今后的他，在义乌帮助父亲处理外贸业务的同时，还会坚持在横店拍戏，享受拍戏带给他的乐趣。

2020年鼠年春节，因为疫情留守横店的群众演员就有1000多名，他们均可以申领补贴。补贴的钱由横店影视城资助，通过横店演员公会向演员们发放，前景群演和普通群演每人提供一个月的300元租房补贴和200元生活补贴。疫情节点下的春节不能与家人相聚团圆，对于没有戏拍就没有收入来源的"横漂"们来说更是折磨，横店影视城顾虑到群演们的生活问题，主动资助群演们一个月的补贴，希望能够早日度过疫情生存难关。

横店影视城从不放弃任何一颗滚烫的"追梦赤子心"，在这片土地上创造更多的机会，吸引更多的资本与剧组驻扎就是对这群有着"演员梦"的"横漂"们最好的承诺。

六、游客："重返文明"

横店影视城除了为剧组提供专业的影视设备和服务流程以外，还为游客提供各种丰富的旅游产品。针对周边有亲子互动需求的游客，横店影视城推出了亲子 2 天 1 晚旅游产品，亲子共同体验梦幻谷的暴雨山洪等表演，增强趣味性；对于那些来横店影视城追剧的游客，横店影视城也推出相应的旅游产品，跟随热播剧探索热门场景，在相同的地方摆拍，打卡明星们日常工作地，前往剧组拍摄区域探班，偶遇自家爱豆；对于来横店休闲度假的游客，主要推荐在度假酒店中活动，体验三天两晚小镇慢生活，并加入梦泉谷 20℃养生体验，或更具有娱乐休闲性质的项目。

横店影视城不仅推出具有个性化的旅游产品，还在交通上尽力方便广大外地游客，吸引全国旅客到横店旅游。横店影视城贴心地为游客开通了机场往返横店的机场大巴，并在杭州火车东站设置旅游专线大巴车，全程高速旅游直通，方便长途旅客来横店度假休闲；针对江浙沪周边游客，横店影视城也开通往返多地旅游巴士，方便周边旅客来横店短途游览。就算是在横店影视城内部游览，旅客也可以很轻松，带着孩子的游客可以尽情享受亲子时光，自驾来的游客停车不收取任何费用，明清宫苑、秦王宫、梦幻谷景区均有大型停车场，停车免费，不限时，出游方便；游客可乘坐免费接送车进入镇区及各个景点观光游玩，夜游景区也均有免费接送车送回各个停车场，运行时间为送完每个游客为止；无自驾车的游客，可以乘坐循环观光车至各景区及酒店；通过网络预订横店影视城下属的酒店、门票或套餐的游客都可在酒店前台免费领取旅游纪念公交 IC 卡；公司团建或是其他商务用车需求，横店影视城也提供多种类型的商务车、大巴车的租赁服务，在极大程度上满足不同游客的旅游需求。

除了方便游客出入各个景区游玩以外，横店影视城还准备了多种休闲娱乐活动供游客消遣，为此将横店打造成了一个活色生香的影视休闲小镇。游客们可以体验到多种休闲娱乐活动，可以走在万盛映像步行街，白天横店影视休闲小镇在如火如荼地拍摄影视剧，随着夜幕慢慢降临，走入映象步行街，如同穿越回 20 世纪初，沉浸在《花样年华》《黄金时代》《小城故事》等电影中的经典场景中，品尝萝卜丝饼等网红小吃，在这里随时可以看到直播的网红，真真切切感受到横店影视小镇的魅力和灵魂。在明清宫苑有一个清宫秘戏体验区，在这里游客可以在绿幕前免费摆出各种姿势，在视频监视器里就是能飞檐走壁、入海捉鳖的高手。此外，在秦王宫游客可以有吊威亚体验，在广州街可以穿越变装屋，在清明上河图体验轻功水上漂，沉浸式体验影视基地的魅力。在横店影视城，游客不仅可以看明星拍戏，自己也可以当主角，体验"活在剧中"，通过微电影拍摄的方式体验剧里人物的悲欢离合。产业与消费共同升级的当下，文旅融合的趋势与横店影视城"影视为表、旅游为里、文化为魂"的经营理念契合。荧幕中，影视城在演员们的戏里；荧幕下，普通人也能做一回剧中人。"到横店只有拍一场戏，才不枉到此一游！"要是为了偶像而来的游客还能在广州街各种打卡偶像明星拍摄地，住进《伪装者》《麻雀》等影视主题客房。除此之外，在游客逛完横店影视城，还能泡在梦泉谷里，让疲惫的身体焕发出全新的活力；在外体验多种影视娱乐活动之后还能在雷迪森度假酒店吃超豪华自助餐，完美度过假期。

七、"粉丝"："那人却在灯火阑珊处"

在横店影视城，每年在此拍摄的剧组多达 300 多个，为了圆"粉丝"见偶像的梦，横店影视城还会不定期举办明星见面会，并且安排"粉丝团"进行探班。2018 年夏天，胡一天《绝代双骄》横店杀青，影视城提前开放报名，安排"粉丝团"当天进入为胡一天进行杀青应援活动；前几年电视剧《楚乔传》也在拍摄期间开放探班，不仅让"粉丝"能有更多机会接触到明星工作和生活更真实的一面，还方便记者朋友们为影视剧宣传造势，采访到更多有用的素材。

除了安排"粉丝团"进行不定期探班外，横店影视城还积极邀请明星演员来横店举办明星见面会，与"粉丝"朋友们一同回忆经典。2019 年，横店影视城邀请了最接近金庸笔下"小龙女"角色的李若彤来举办"粉丝"见面会。曾经主演过多部经典剧作的李若彤现身横店影视基地，手拿签字笔为"粉丝"签名并一直与"粉丝"们亲切互动，丝毫没有明星的架子。不少"粉丝"朋友在横店就见到了 20 多年念念不忘的角色扮演者，一睹当年仙气十足"姑姑"的芳容。这样的活动还有很多，2018 年暑假横店影视城借着《延禧攻略》的风头为聂远举办了一场"粉丝"见面会。见面会现场，聂远与"粉丝"进行了吃大猪蹄子比赛、挤气球比赛，还有现场书法与"粉丝"互动，更惊喜的是聂远还准备了 40 个大猪蹄子抱枕以抽奖的形式送给在场的幸运"粉丝"。现场人山人海，许多"粉丝"千里迢迢赶来就是为了见偶像一面，横店影视城举办声势浩大的见面会也是圆了许多"粉丝"多年的梦想。

 经验借鉴

横店影视城完成了从一片荒凉之地到今天被誉为"东方好莱坞"的美丽蜕变。无论是横店的创业者，还是横店镇民，抑或是外地的"横漂"追梦者，为自己的梦想奋斗，成就了自己，也成就了横店，横店成为他们实现梦想的幸福家园。横店影视城为其他企业，尤其是服务型企业打造幸福企业提供了经验，具体体现在以下几个方面：

（1）从幸福的主体上看，幸福企业中对幸福主体的理解不再局限于员工，而是扩展至利益相关者，横店影视城认为利益相关者的幸福都应该是企业应该考虑的内容。因此，横店影视城不仅仅考虑了组织内部，如创始人和员工的幸福，同时也为如何让其他外部利益相关者幸福做了大量的探索和实践。

（2）从对幸福的影响因素上看，幸福已经不再局限于增加员工的薪酬福利等经济利益方面的考虑，横店影视城提出了实现梦想对幸福的决定性意义。根据马斯洛的需求层次理论，在当今人类基本需求满足的前提下，实现梦想等高层次的需求满足更可能激发人的幸福感，因此，横店影视城致力于为利益相关者提供实现梦想的舞台。

（3）深刻理解了服务型企业与制造型企业在打造幸福企业时的差异，横店影视城作为一家服务型企业，更加注重为顾客等利益相关者提供服务、提供平台，实现多赢。

本篇启发思考题

1. 为什么"追逐梦想""实现梦想"成为建设幸福企业的重要内容？
2. 为什么单纯的通过增加薪酬福利的方式已经很难激发员工的幸福感？
3. 服务型企业如何建设幸福企业？与制造型企业有何差异？
4. 服务对象是否是建设幸福企业应该考虑的内容？为什么？

资料来源

横店影视城官网，http：//en-mobile.hedianworld.com/。横店集团官网，ht-tp：//www.hedian.com/。

参考文献

［1］王书玲，郑国娟，张亚丽．企业幸福管理作用机理研究［J］．经济体制改革，2013（5）：119-123.

［2］横店集团档案馆．建设宜居宜业宜游的新横店［J］．浙江档案，2019（2）：38-39.

［3］吴明．撰写科技创业宏篇巨著的企业家——记横店集团总裁徐文荣［J］．中国乡镇企业，1996（6）：20-22.

［4］刘鹏凯．建设幸福企业的四个法宝［J］．企业管理，2013（11）：36-37.

［5］毛世英．员工为什么"不幸福"［J］．企业管理，2014（11）：20-22.

［6］何红艳．横店影视城员工幸福指数挺高［N］．东阳日报，2011-08-09（6）.

［7］佚名．寻找浙企幸福样本——横店影视城［N］．大浙财经，2013-11-28.

［8］何红艳．横店影视城荣膺浙江省十大幸福企业［N］．东阳日报，2013-12-31（2）.

［9］何红艳．横店影视城让员工温暖过冬［N］．浙江工人日报网，2013-01-23.

［10］吴旻．横店影视城：让每一位员工都想留下来［N］．横店集团报，2019-12-25（4）.

［11］严粒粒．横店光影：23年捧起全域影视"金饭碗"［N］．浙江日报，2019-08-29.

第十三篇
浙江天搜科技：以人为本，幸福同行

吴道友　　夏　雨*

以"让感恩成为行动"为理念，以贯彻履行幸福员工、回报社会为使命，希望通过感恩行动加强员工的家庭观、社会观和企业观。

——石高涛
浙江天搜科技董事长

案例导读

图片来源：天搜集团官网。

员工是企业价值的创造者，如何使员工获得幸福感已逐步成为现代企业人力资源管理

* 作者简介：吴道友（1975-），男，汉族，湖北赤壁，浙江财经大学工商管理学院教授、博士。研究方向：人力资源管理、创业管理。Email：wudaoyou@ zufe. edu. cn。夏雨（1997-），男，汉族，安徽安庆，浙江财经大学人力资源管理研究所助理研究员、硕士。研究方向：人力资源管理。Email：XiaYuT@ zufe. edu. cn。

的焦点之一。浙江天搜科技秉承"以人为本"的管理理念和"心怀感恩"的价值观,将员工关怀融入日常生活,坚持员工与企业共同发展,共同打造幸福企业。

本案例首先介绍了浙江天搜科技建设幸福企业的指导思想,其次从全力推行企业人本管理、全面建设企业幸福文化、全程提升公司员工福利、全心创建企业大学四个方面梳理了浙江天搜科技在建设幸福企业过程中的实践探索,最后对浙江天搜科技在建设幸福企业方面的经验进行了总结归纳。

浙江天搜科技以"成为行业领先、社会尊重、员工幸福的移动互联网企业"为愿景,秉承着"用户至上、艰苦奋斗、分享共创、拥抱变化、诚实守信、心怀感恩"的价值观,在"移动商务"方向引领时代前沿,在幸福企业路上领跑前行,浙江天搜科技在建设幸福企业过程中的探索也值得其他企业借鉴和参考。

关键词:人本管理;幸福文化;企业大学;股权激励

前言

浙江天搜科技股份有限公司从点点滴滴处落实员工关怀,在业内口碑相传,被网友戏称为"别人家的公司"。浙江天搜科技将人才视为企业可持续发展的第一资源,坚持"以人为本,人皆为才"的核心理念,在企业推行人本管理,全力打造幸福企业。浙江天搜科技在工作环境、工作生活、工作成长等方面细心关怀员工,通过培养多元有趣的创意文化、家国天下的感恩文化、岁月积淀的年陈文化来建设企业幸福文化,为员工提供贴心的生活福利,并创建企业大学,以此来提高员工幸福感。

幸福管理既要追求在企业经营管理中赢得合理的利润,更要在管理中注重人的本能、需求、自尊和幸福感的满足。现代社会中,企业单纯地追求利益显然是不够的,更需要仔细思考企业和员工之间的关系,去承担更多的社会责任。提升员工幸福指数,做一家有温度的企业,是新时代企业实现长远发展的追求。浙江天搜科技从员工角度出发,不断推进以人为本的管理,将员工关怀化入日常生活,实现员工与企业共同幸福发展。

企业简介

浙江天搜科技股份有限公司(以下简称"浙江天搜科技")是一家专

业的互联网产业链综合服务商，致力于运用移动互联网、大数据、人工智能等技术，以及联合运营等方式，推进互联网+创新创业，赋能传统产业升级。

作为移动商务的开拓者和践行者，成立 15 年以来，浙江天搜科技始终坚持以专注的姿态助力移动商务发展，在核心技术、商业模式、发展战略上不断实现突破创新，目前已经形成了两大创新研发基地和完整系统的技术支撑开放体系，开发有多款智能软硬件工具，创造出多种新型商业模式。如今，进入全新发展阶段的浙江天搜科技，将以构建特色生态圈为目标，从两条路径完善互联网产业链建设。通过"产业平台"，以"互联网+"连接不同传统产业，赋能传统产业的全面互联化升级，优化产业链布局；通过"大创平台"，以"联合创业+产业投资"赋能互联网+创新创业，扶持创新项目，最终实现互联网产业全价值链的构建，为移动商务赋能。

让移动商务影响中国，是浙江天搜科技不变的企业使命。长期以来，浙江天搜科技助力千万中小企业实现移动信息化，深入开展产业研究，实现政产学研互动协作，为互联网产业链服务打下坚实基础。不仅成为浙江大学的互联网+教学基地，被团中央授予青年创业基地，还先后斩获中国互联网+双创优秀孵化平台、中国互联网+行业领军企业、中国移动互联网行业十大满意品牌等多项大奖，备受行业认可。

关爱社会和回馈社会是天搜始终牢记的企业责任。一直以来，浙江天搜科技坚持多形式多频次多维度展开公益行动，发起成立华都孝老慈善基金会，深度参与孝老敬老公益活动，向关心桥教育基金捐赠百万元，致力青少年教育成长，从扶危济困到帮老助弱，积极拥抱公益正能量。

 建设幸福企业的指导思想

一、以人为本，人皆为才

人是企业的第一要素，员工是企业发展的基石。以人为本，就是要把员工利益作为工作的出发点之一，促进企业和员工全面和谐发展。专注移动互联网产业链服务的浙江天搜科技在企业发展中，始终坚持人文关怀，构筑团结奋进的员工之家，不断提升员工的归属感和幸福感，引领着这支年轻队伍的茁壮成长。

人才作为第一资源，是企业可持续发展的重要因素。在愈演愈烈的"人才大战"中，为使更优秀的人才加盟，各个企业为吸引人才各展其能。而浙江天搜科技拥有着自身独特的人才观——"以人为本，人皆为才"。对浙江天搜科技来说，吸引人才只是第一步，更为关键的是要真正做到保留人才、培养人才、合理利用人才。浙江天搜科技除了通过创新模式培养人才，更在用人方面做到人尽其用，不断挖掘每个员工的潜能，根据不同员工的长处安排合适的岗位，让每个人都能充分发挥自己的才能和优势，为企业和社会的创新发展赋能，这不但能帮助员工提升自我价值，而且让企业效能事半功倍，实现共创共赢。

二、福利+赋能＝员工幸福感

对于一个好的企业来说，企业文化往往扮演着根基与支柱的角色，越来越多的互联网企业也开始有意识地不断打造契合自己企业的文化。作为一家老牌移动互联网企业，浙江天搜科技一直致力幸福企业文化建设，让员工在良好的企业文化氛围中幸福且高效地创造价值。

"福利+赋能＝员工幸福感"是浙江天搜一直秉承的幸福文化公式。在互联网企业中，年轻化是一大特征，"90后"员工是公司的主体，他们最注重的是自己的未来发展，对于他们来说单纯的物质福利并不是最关心的，如何走未来的路，如何最大限度地实现自己的人生价值才是他们关心的问题。只有本着对员工高度负责的态度，一点一滴改善员工生活工作的每个细节，将企业对员工的关怀体现在各个角落，最终成就浙江天搜科技员工的幸福工作体验。

浙江天搜科技从员工内心需求出发，将对各个岗位奋斗员工的感恩转化为实际行动，采用多种形式和方法，让员工感受温暖，让家属感到放心。多年来，浙江天搜科技凭借全体员工勤奋努力与持续艰苦奋斗不断壮大，艰苦奋斗的创业精神是浙江天搜科技应始终坚守的企业精神，成为所有员工的共识，因为他们深知，只有当企业内所有人都朝着同一个方向努力奋斗，才能实现企业的成功与员工的幸福。

建设幸福企业的具体举措

浙江天搜科技坚持"以人为本，人皆为才"和"福利+赋能"的幸福企业建设理念，全力推行企业人本管理、全面建设企业幸福文化、持续提升公司员工福利、全心创建企业大学等四个方面持续推进幸福企业建设。

一、关怀入微，全力推行人本管理

浙江天搜科技主要从三个方面来全力推行人本管理：一是用心用情，在工作环境中展现人文关怀；二是融入点滴，贴心关注员工工作生活；三是成长关怀，帮助员工实现价值增值。

（一）用心用情，在工作环境中展现人文关怀

作为一家现代互联网企业，浙江天搜科技的企业文化一直倡导员工在轻松愉悦的氛围中工作。这样的环境培养出了一批"脑洞大"、有创意的人才，他们甚至还给不同办公室起了各种花名，例如，财务管理中心叫"豹子林"，产品中心叫"疯狂猿林"，行政中心叫"骆驼岭"；人力资源中心叫"雄鹰堂"，连机房都有个名字叫"魔云洞"……在这样一个"有山、有水、有动物"的环境下办公，每一个浙江天搜科技员工都能在工作中收获满满的自由快乐的正能量。

一名刚入职浙江天搜科技不久的员工说："第一次看到这些办公室名称的时候，我就知道这是一家有意思的企业，工作氛围肯定也会轻松有趣，这里处处都可见其作为互联网公司的创新思维，处处可以感受到自由开放和快乐的正能量。"企业环境是人文关怀的舞台，浙江天搜科技负责人表示，"打造和谐、轻松的工作氛围，能够让员工在工作中保持阳光愉悦的心态，有利于员工身心健康和创造力的发挥。"

（二）融入点滴，贴心关注员工工作生活

如果说在企业环境、企业文化上塑造人文关怀，许多大型企业都做得有声有色，那么要在生活细微处把关心照顾落实到位，恐怕能像浙江天搜科技一样做到无微不至的企业并不多。浙江天搜科技相关负责人介绍："一个公司

也是一个大家庭，我们一直以来也强调要像关心家人一样关心员工。公司会根据实际情况，带给员工生活上的各种贴心照顾，力求让员工感受到家一般的温暖，从而提升企业的凝聚力、向心力。"例如，夏季雨水多，杭州经常会突发连续暴雨，浙江天搜科技就提前为员工配备好雨衣雨具，使员工能够在雨季便利出行。

对外浙江天搜科技是一家千人企业，用"移动商务"引领时代，对内浙江天搜科技是一个家，让每位员工像在家一样感到惬意、舒适、自由。无论是花茶、雨具这些微小的细节准备，还是建体育社团、装备体育器材等，都是为了让员工在浙江天搜科技工作感到幸福而做的努力。

（三）成长关怀，帮助员工实现价值增值

在许多人看来，企业用人的宗旨往往是为企业创造利益，而在浙江天搜科技，企业与员工共创共赢是其始终追求的方向。在浙江天搜科技内部有环境清幽的书吧，为员工提供很好的学习环境，公司鼓励员工不断提升自我，并组织各种读书分享会、分享社等学习活动，形成良好学习氛围，书吧的书会定时更新，只为保证知识血液的新鲜，更新的书目来源于企业的所有员工，不同兴趣、不同品味、不同特性，造就了书目的纷繁汇杂，刺激着知识的更新迭代。同时，"品牌分享社""运营学社"等学习型社团组织的创建，也让提升业务能力的过程不再枯燥，反而成为了与同好不断交流互鉴、相互学习成长的愉快旅程。

秉承"授人以鱼不如授人以渔"的理念，浙江天搜科技不但鼓励员工学习增值，并且构建了完善的培训机制，以阶梯式培训为重点，让新入职的员工能够快速适应职场，让老员工在不同的职业发展阶段，不断挖掘发展潜力，提升自身竞争力，让员工与企业共创共赢，共同成长。

从企业环境、企业文化、生活点滴、成长空间等各个方面，浙江天搜科技都为员工提供了无微不至的关心照顾。提升员工幸福指数，是新时代企业发展的追求，当员工从企业中获得幸福感，企业的凝聚力、向心力和发展潜力也会不断提升。打造"幸福企业"，浙江天搜科技无疑率先提供了一个典型范本。

二、关怀入心，全面建设企业幸福文化

浙江天搜科技主要从三个方面来全面建设企业幸福文化，一是建设多元

有趣的创意文化；二是建设岁月积淀的年陈文化；三是建设家国天下的感恩文化，通过这三个方面的措施来关怀员工幸福。

（一）多元有趣，建设创意文化

浙江天搜科技作为一家老牌移动互联网企业，一直致力于培养有趣且多元的企业文化，让员工在良好的企业文化氛围中幸福且高效地创造价值。

节日如何过？员工自己想！这一问一答亦是多元有趣企业文化熏陶的结果。每年都会庆祝大大小小、法定及非法定等各种各样的节日，在每个节日之前所定的节日礼品都会秘密征集意见，之后秘密精心准备，只为直击员工内心渴望，节日当天还会有各种各样创意十足的活动，如挑战十秒火爆过中秋、真人版吃鸡创意端午、三八魅力女神节，每一个节日活动都带来不一样的惊喜。

浙江天搜科技多元、有趣的企业文化，给天搜员工带来了无限的自豪感与幸福感，也帮助员工更加高效地创造价值。未来，浙江天搜科技将继续秉承优秀企业文化，不断传承给新生力量，感染并激励一代又一代天搜人。

（二）岁月积淀，建设年陈文化

每个互联网企业都有自己独特的历程，每个阶段或者是每次转变都是企业宝贵的财富和经历，逐渐形成了企业的独特气质，把这种独特气质用专有名词进行概括，每个专有名词都蕴藏着不一样的深意。

浙江天搜科技把责任与员工关怀作为企业文化的一部分。五年之于人生，是一段短暂的里程；五年之于天搜人，是一段成长的洗礼，当员工在天搜集团工作满五年时，公司将会举行五年陈授戒仪式，授予五年陈员工量身定制的"天搜五福金戒"，使其优秀的企业文化在一代又一代员工中得到不断传承。

在每一批新诞生的拥有"天搜五福金戒"员工中，覆盖了浙江天搜科技的各个岗位，大到公司总裁，小到普通的程序员，从他们的身上我们可以看到浙江天搜科技的企业文化，甚至可以看懂浙江天搜科技是如何做内部管理的，为了给他们定做合适的戒指，提前四个月开始测量员工手指粗细，确定戒指大小。

"天搜五福金戒"是天搜人非常重要的图腾，他们是一个非常好的浙江天搜科技导师群体，在未来企业发展中，他们是公司基础文化的建设者。与浙江天搜科技一同摸爬滚打 5 年的员工，作为一个老员工，能够把"天搜五福金戒"戴在手上，这也是在人生中非常值得纪念的一刻。

（三）家国天下，建设感恩文化

浙江天搜科技一直将"关爱社会回馈社会"作为企业义不容辞的责任。十余年来不忘初心，始终以高度的社会责任感积极投身到公益慈善行动之中，在孝老爱亲、教育、灾区募捐、环境保护等多个方面无私奉献，并积极进行公益实践。

由浙江天搜科技股份有限公司联合发起成立的社会公益组织"华都孝老慈善基金会"，积极履行"尊老尽孝"社会责任，为空巢、独居、失独、失能、失智、高龄老人带去关爱、资助和贴心服务；由浙江天搜科技董事长石高涛在企业内发起成立的"天搜感恩基金"，为优秀员工的父母账户"发工资"，至今已发放百万余元，增强了员工的家庭观和社会观，也让员工在敬老爱亲的同时感恩社会，形成大爱。

与此同时，浙江天搜科技还多次组织爱心捐助。浙江天搜科技在 2008 年汶川地震、2013 年雅安地震中以多种形式资助灾区，积极筹款用于灾后重建；2016 年浙江天搜科技股份有限公司向关心桥教育公益基金捐助 100 万元，同年 10 月董事长石高涛与几位校友联合向南京财经大学基金会捐款 500 万元，并联合发起成立"四维奖助学金"，激励学生青年永志初心；2017 年冬天浙江天搜科技员工关爱组织"俪人汇"还发起"衣旧情深，温暖同行"的微公益行动，向全体员工发出冬衣捐助倡议，为贫困山区送爱心。

多年发展中，浙江天搜科技一直坚持多形式多频次多维度的公益行动，从扶危济困到帮老助弱，十几年来始终心怀感恩，用心经营，用精细化服务打造优质产品，始终不忘"让移动商务影响中国"的企业使命，用高度的企业责任感和使命感，以实际行动回馈社会、感恩社会，用大爱温暖身边每一个人，这就是浙江天搜科技股份有限公司能够得到社会各界尊重的重要原因。

三、关怀入行，持续提升公司员工福利

浙江天搜科技关注员工福利，从成立员工关爱组织，主动承担企业社会责任；开启增发期权持股计划，员工与企业共享发展成果；提供贴心生活福利，让员工快乐工作三个方面来持续提升公司员工福利。

（一）成立员工关爱组织，主动承担企业社会责任

完善的企业福利待遇关键不在于投入的物质，而是促进与帮助员工的成长和发展，将员工的可持续发展与企业发展紧密结合，这是浙江天搜科技不懈的追求。浙江天搜科技成立的俪人汇作为员工关爱组织，通过不定期组织外派员工的家属参加一系列的关爱活动，为鲜有机会互相接触的员工家属搭建了面对面交流谈心的平台。在不断发展完善的过程中，俪人汇逐渐演变成为鼓励女性自立自强、积极生活，关心社会公益活动，关注儿童健康成长的爱心组织。

作为一家驰骋移动互联网领域15年的公司，天搜集团自成立以来自觉主动地承担着企业的社会责任，在董事长石高涛的积极助推下，号召全体员工及其家属用实际行动为那些身处社会弱势阶层的孩子们带去一份关爱。"有人曾说孤残儿童是折翼的天使，早早地失去了天空。我们希望用行动证明：我们的爱将为折翼天使重新插上翅膀，帮助他们再次展翅飞翔！"俪人汇组织主要负责人坚定地表示，未来将会有越来越多的孩子们在俪人汇的关爱下茁壮成长。

（二）开启增发期权持股计划，员工与企业共享发展成果

当下，我们已经进入一个资源共享、优势互补、合作共赢的时代，正如雷锋曾说过一句话：一滴水只有放进大海里才永远不会干涸。作为企业，只有融入发展大环境、合作共赢才不会被时代洪流淹没。

一家企业能有多大程度的开放姿态，多大程度融入合作共赢的时代，决定它将做成多大的平台。浙江天搜科技在多年发展过程中逐渐形成了独特的企业价值观："用户至上、艰苦奋斗、拥抱变化、分享共创、诚实守信、心怀感恩"，其中"分享共创"与当下合作共赢的时代背景不谋而合。

浙江天搜科技一直秉持"分享共创"，用实际行动构建美好的移动互联世界。建立合伙人制，让员工与企业共创事业，共享成果，开启员工增发期权持股计划，从锁定数十名集团骨干到逐渐扩大范围，让优秀的员工从打工者成为公司的合伙人，从而增强员工的主人翁意识和工作积极性。

（三）提供贴心生活福利，让员工快乐工作

在这个快节奏的互联网时代，不少上班族在职场压力下已经过度疲劳，

浙江天搜科技不但努力创造轻松的工作氛围、提供贴心的生活福利，而且非常重视员工的身心健康。例如，在高温的夏季，人们容易心烦气躁，食欲减退，浙江天搜科技会为员工提供玫瑰花茶、柠檬片、山楂等清热降火茶饮，关注员工的身心健康。同时，公司还长期为员工配置篮球、羽毛球、瑜伽等运动器材，并且组建了各种体育社团，积极开展各种体育活动、赛事，鼓励员工参与各种文娱活动。

四、关怀入学，全心创建企业大学

浙江天搜科技主要从三个方面来全心创建企业大学，通过关怀员工的职业发展来提升员工的幸福。一是从每届新员工开始"开学第一课"；二是针对不同员工量身定制课程规划；三是从公司战略层面出发，实现企业的幸福发展。

（一）"开学第一课"，从每位新员工开始

每位学生与学校缘分起点都是从"开学第一课"开始，新员工培训则是企业大学给员工的"开学第一课"。每位新员工都会经过三天培训，培训内容全面，不仅涉及企业历史、定位和文化等，更包括职场礼仪、职场技能、职业规划的内容。

不管是刚毕业的职场新人，还是工作多年选择从头再来的员工，初入一家企业难免会经历角色转换和心态变化。作为统筹浙江天搜科技人才建设的核心组织，天搜大学给这些新员工上的第一课，就是帮他们调整心态，适应新的角色和环境，快速融入企业。

通过趣味性、系统性的企业历史文化介绍，天搜大学让新员工快速了解企业；以老员工现身说法分享实际工作经验，帮助他们树立正确职业心态，形成正确职业规划；以考验团队沟通协作能力的户外拓展，让他们体会艰苦奋斗、分享互助的价值观。

（二）为不同员工量身定制课程规划

尽管人才竞争力已被看成今天企业的核心竞争力，但在很多企业，培训内容很多时候依然可能只是聚焦某一方面，甚至流于形式。比如公司员工小伟之前所在的服装企业，培训就只聚焦公司管理制度。而与小伟在传统行业经历的这种培训模式不一样，天搜大学的培训课程体系，集合了浙江天搜科

技此前十余年的培训经验的积累，更强调要契合不同部门、不同层级各类员工的实际需求。

据天搜大学教务处主任沈婷婷介绍，从新员工培训体系到管理层课程体系，从通用类课程体系到专业类课程体系，天搜大学为不同员工"量身定制"规划了各种课程，广泛开展各种有针对性、实用性、价值性的系统化培训，覆盖公司所有员工。

以天搜技术学院为例，自 2015 年天搜技术学院诞生以来，就担负着推进集团技术人才储备产业化的使命，一批批技术人员在这里瞭望行业的技术前沿。为了满足企业内技术人才的需求，学院创设了全方位的课程架构，不仅有 ios 开发、android 开发、数据库管理、软件测试等方面的内部教学，而且还联动校外资源，邀请校外权威技术顾问来担任专业导师。

在实践和理论的交融互证中，浙江天搜技术学院正成为顶级技术团队诞生的摇篮。技术产品岗的小徐是天搜技术学院的一名学员，小徐表示，天搜技术学院里不仅有技术大牛为你指点迷津打破技术"瓶颈"，还有一批和你同程度的技术狂热者互相切磋。这种热切的学习劲头，现在一直在激励着他。不仅如此，为匹配不同岗位员工成长，天搜大学不仅从外部聘请专业导师，还为员工提供各种外部学习研讨的机会，全方位关注每一位员工成长。

（三）从公司战略层面出发，实现企业的幸福发展

虽然天搜大学并不是传统意义上的高等院校，但作为直接服务于浙江天搜科技长远发展规划的教育体系，天搜大学在成立之初就站在企业战略高度上，由浙江天搜科技副董事长何曙光亲自出任校长。何曙光经常会亲自上台给员工上课，和员工分享心得，他是一个特别强调自主学习、共同成长的人，他对商业趋势的判断，有很大一部分就来源于对行业本质和时代前沿的自主学习与思考。

在何曙光眼中，未来企业间的竞争，比的一定是学习能力，天搜大学的建立是浙江天搜科技进一步提升企业应变能力、取得持久竞争优势的最佳选择。在深刻理解企业发展战略和总结教学规律的基础上，天搜大学的整体规划，以为企业创造价值为导向，充分结合企业的实际业务需求、人才培养需求、文化建设需求等。通过系统化的培训课程体系设置，完善一整套阶梯式的培训体系。除"新员工培训"之外，还有"金三角精英训练营""中层干部管理培训班""职业经理人高级研修班"等覆盖公司不同层级员工的培训内

容。从源头上开始构建最有效的学习型组织和人才智库，不断将学习力打造成浙江天搜科技未来发展的核心生产力，赋能员工成长，赋能组织成长。同时也保证了全体员工在价值观上的高度统一，能够朝着相同的企业愿景和目标一起奋斗。

知识经济时代奉行的是终身教育，传统高校只完成了基础性的传道授业解惑，当社会开始通过企业大学形式弥补传统教育短板，还应如浙江天搜科技这样，以经营企业的态度去经营企业大学，通过全方位的知识赋能，让企业大学成为员工发展顾问和企业变革推动者。尽管行业变化仍在加速，但培养体系健全、学习氛围深厚的企业，永远能依靠强大的人才根基，应对变动和风险，继而又能从风险中习得经验，一路劈波斩浪，奋勇向前！

 经验借鉴

一、坚持以人为本，全力实施人本管理

人本管理理论认为人本管理在本质上是以促进人自身自由、全面发展为根本目的的管理理念与管理模式，其最终目的是共创繁荣和幸福，也就是达到企业的繁荣和个人的幸福（王东霞，2012）。人本管理思想是把员工作为企业最重要的资源，以员工的能力、特长、兴趣、心理状况等综合性情况来科学地安排最合适的工作，并在工作中充分地考虑到员工的成长和价值。

浙江天搜科技构建幸福企业的标志性体现之一是"用细节彰显关怀"，密切关注员工的工作环境、工作生活以及工作成长，用心用情，体贴入微，用细节爱着员工。因此，企业在管理中正确运用人本管理原理，不能仅仅把人当成为企业创造利润的工具或资源要素，要以人身自由、全面发展为出发点，了解员工的需要，考虑员工的利益，满足员工真正的需求，以激发其活力。

二、搭建成长平台，建设学习型组织

学习型组织以知识的组织学习为核心，随着我国经济的迅速发展，知识经济和全球化对企业和公司带来了巨大的冲击，在这样一个复杂多变的环境中，企业通过打造学习型组织，不断深化并建设具有时代特性的企业文化，

提升员工的职业幸福感，凝聚企业员工的队伍（沈博、于艳和王瑜等，2020），为提高公司员工幸福感，企业可以搭建员工成长平台。

浙江天搜科技认为未来企业间的竞争，比的一定是学习能力，浙江天搜科技为每位新员工开设"开学第一课"、量身定制课程培训规划、建设天搜大学。因此，企业要切实优化企业培训制度，完善公司知识管理系统，全力打造持续创新的学习型组织，帮助员工在工作中不断成长，激发员工潜能，赋予员工必要的技能来增强员工自主工作的能力。

三、培育企业文化，着力打造幸福企业

正确的幸福观，必然要着眼于人的全面而自由的发展的需求，着眼于人与他人、与社会的和谐发展（毛世英，2014）。"幸福文化"底蕴和文化氛围改变员工的旧有价值观念，培育他们的认同感和归属感，建立起成员与组织之间的依存关系，使个人行为、思想、感情、信念、习惯与整个组织有机地统一起来，形成相对稳固的文化氛围，凝聚成一种合力与整体趋向，以此激发出组织成员的主观能动性（段远鹏，2007），树立和贯彻以人为本的幸福观，使企业的"幸福"文化得以延续。

浙江天搜科技一直致力于培养多元有趣的创意文化、家国天下的感恩文化、岁月积淀的年陈文化，这样的企业文化使得其员工拥有轻松愉悦的工作氛围、关爱社会和回馈社会的责任意识。因此，企业要将建设幸福企业贯彻落实到决策、制度、行为、环境等方方面面，建设以提升全体员工幸福感为主线的幸福文化，努力营造出一种尊重、理解、关心、友善、快乐、轻松的幸福文化氛围，而非一种充满压力和恐惧的环境，培养员工诚信敬业、乐于奉献、适度知足、互相协助的良好意识，让员工能够积极主动、快乐地工作，征服种种焦虑、忧郁、紧张和压力。

四、创新激励机制，助力员工幸福发展

激励是人力资源管理的重要环节，传统思维习惯采用奖金、加薪等激励手段，但是从幸福学的观点来看，这可能不是最好的（郑国娟，2006）。员工是否幸福，很大程度上和金钱的绝对值无关，企业管理者应当有意识地采用更好的方式对员工进行激励，奖励员工要选择使他幸福的方式，提高员工的

幸福指数。

员工是一个企业的重要组成部分，随着经济水平和物质生活的不断提升，员工的职业幸福感的获得成了企业发展的重要环节。浙江天搜科技用实际行动让员工快乐工作，成立员工关爱组织俩人汇、开启员工增发期权持股计划、提供贴心生活福利，不断努力为员工创造轻松的工作氛围。因此，企业要创新激励机制，进一步推进企业的长远利益和可持续发展，帮助员工对个人效用价值的追求，使能干事的人有平台，干成事的人有地位，实现企业与员工的幸福发展。

本篇启发思考题

1. 浙江天搜科技的经营理念和企业价值观对其建设幸福企业有何影响？
2. 在互联网时代，浙江天搜科技如何带领员工建设幸福企业？
3. 幸福企业在浙江天搜科技的企业文化中如何体现出来？
4. 企业中的人本管理和幸福管理之间有何联系？
5. 如何看待建设企业大学和幸福企业建设之间的内在逻辑？

资料来源

[1] 幸福是奋斗出来的 浙江天搜科技全员跑步迈向2018，搜狐网，2018年3月13日，http：//www.sohu.com/a/225443863_237335。

[2] 浙江天搜科技情系员工，人性化管理带来归属感，搜狐网，2018年7月12日，http：//www.sohu.com/a/240764171_237335。

[3] 人本主义激发员工狼性 浙江天搜诠释幸福企业真谛，搜狐网，2018年7月26日，http：//m.sohu.com/a/243419846_237335。

[4] 走进别人家的公司：看浙江天搜科技如何打造幸福企业，搜狐网，2018年7月26日，https：//www.sohu.com/a/243406246_237335。

[5] 浙江天搜科技的企业文化公式：福利+赋能=员工幸福感，创头条，2018年10月9日，https：//www.ctoutiao.com/1035246.html。

[6] 浙江天搜科技人才管理新思维："抢人"不如"育人"，东方网，2018年7月9日，https：//mini.eastday.com/a/180709100727448.html？qid=0226382vqid=qid02650。

[7] 是浙江天搜科技的包容，让我成长为可以独当一面的职场人，简书网，2018年9月30日，https：//www.jianshu.com/p/6da361674de7。

［8］坚持人性化管理，浙江天搜科技打造有温度的企业，美篇网，2018年11月19日，https：//www. meipian. cn/1qwxmvdn。

［9］浙江天搜科技与员工携手同行　创造幸福企业，红商网，2018年12月3日，http：//www. redsh. com/ppnews/20181203/172208. shtml。

参考文献

［1］王东霞. 从"人本原理"理论的发展趋势谈员工能动性促进［J］.商业时代，2012（16）：95-96.

［2］沈博，于艳，王瑜等. 学习型组织员工赋能提升职业幸福感研究——以山东青岛烟草有限公司为例［J］. 现代商贸工业，2020，41（4）：59-61.

［3］郑国娟. 幸福学在企业人力资源管理中的应用［J］. 商业时代，2006（23）：48-49.

［4］沈凡莘. 浅谈员工有效激励体系和方法［J］. 企业管理，2017（S2）：44-45.

［5］毛世英. 员工为什么"不幸福"［J］. 企业管理，2014（11）：20-22.

［6］段远鹏. 企业是追求幸福的手段——以奇美为例看台湾企业独特的"幸福文化"［J］. 商场现代化，2007（11）：310.

［7］王书玲，郑国娟，张亚丽. 企业幸福管理作用机理研究［J］. 经济体制改革，2013（5）：119-123.

第十四篇

静博士美业集团：经营幸福企业，
铸就幸福员工

曾垂凯　童舒倩*

人生最重要的两件事情：让自己更幸福，然后帮助别人更幸福。

——祝愉勤

静博士美业集团董事长

案例导读

图片来源：静博士美业集团。

* 作者简介：曾垂凯（1969-），男，博士，湖南邵阳人，浙江财经大学工商管理学院副教授。研究方向：领导有效性、职业生涯管理。Email：ckzeng@163.com。童舒倩（1996-），女，汉族，浙江衢州，浙江财经大学企业管理硕士。研究方向：人力资源管理。Email：2235718885@qq.com。

幸福意味着员工能够在令人愉悦的企业环境中，心境舒展地与志同道合的人一起做有能力和感兴趣做的工作，其努力和追求可以使生活更加美好，其成就能够得到大家的认可和嘉许，其工作和家庭生活可以和谐共促。

本案例主要从三大精气神和六大工程两个板块阐述静博士美业建设幸福企业的过程，从"精心关怀、精益求精、合作共赢"的价值观中体现静博士美业集团以人为本的经营理念，用幸福的企业文化吸纳和培养人才，并为其提供良好的成长平台、广阔的发展空间和优越的工作环境。

静博士美业集团把员工幸福作为企业发展的愿景，做到真正从员工出发建设幸福企业。静博士美业集团对幸福的独特见解以及建设幸福企业的举措为其他企业建设成为幸福企业提供了思路。

关键词：静心关怀；精益求精；合作共赢

 前言

世界管理大师彼得·德鲁克在其所著的《卓越的管理者》一书中提到："明天的商业竞争与其说是技术上的挑战，还不如说是文化上的挑战。"企业文化的建设越来越被人们所重视，而企业文化的最高目标就是让员工幸福。

静博士美业集团把员工幸福作为企业的愿景，静博士美业集团董事长祝愉勤深深明白一个道理：企业经营离不开"人才"的经营。这不是一句口号，而是用行动把这个愿景落到了实处。为此静博士美业集团提出了为员工服务的"三大精气神+六大工程"，坚持"精心关怀、精益求精、合作共赢"的价值观，以先进的人才理念吸纳和培养人才，以优秀的企业文化感动和塑造人才，以扎实的权益保障尊重和留住人才，努力为员工提供良好的成长平台、广阔的发展空间和优越的工作环境，这使得静博士美业集团员工的幸福感不仅来自于物质，更来自于精神；不仅来自于得到，更来自于付出。努力经营幸福企业，成功铸就幸福员工，静博士美业集团在幸福员工的路上坚定地前行。

一个人跑得快，一群人跑得远。在关爱员工的路上，静博士美业集团始终砥砺前行，2013年荣获浙江省十大幸福企业，2018年荣获最佳雇主企业奖，这些都见证了静博士美业集团近些年来与员工相伴而行的足迹，也肯定了静博士坚持人才建设，给予员工加倍关怀的初心。正是由于静博士美业集团对每位员工都倾注了独有的心血，愿意为每一位员工打造最适合的发展平台，它才会在竞争激烈的美业中脱颖而出。

为员工谋幸福是企业文化建设的最高目标。幸福会自然体现在员工的精神风貌与行为做派上，体现在组织中各种关系的契合、融洽与均衡上。幸福是一种心理感受，是一种满足感和愉悦感。对于企业员工而言，幸福意味着在令人愉悦的企业环境中，心境舒展地与志同道合的人一起做有能力和感兴趣做的工作，其努力和追求可以使生活更加美好，其成就能够得到大家的认可和嘉许，其工作和家庭生活可以和谐共促。

 ## 企业简介

静博士美业集团（以下简称"静博士"或"集团"）成立于 2003 年，集团以"静心关怀"为理念，产业横跨生活美容、医疗美容、皮肤管理、国医馆、美容用品公司、美业 IT 平台，并拥有美容基础教育学校和美业企业大学平台。创业至今，集团一直保持着健康、稳定、快速的增长，已发展成为浙派健康美业的领先品牌和行业领先的标杆企业，与此同时，静博士也格外关注员工的幸福问题，对于如何建设和经营幸福企业有自己独到的见解。

静博士自 2003 年建立了第一个生活美容馆——延安店，并推出林蛙减肥仿生健康减肥法一举成名，从此掀起了健康瘦身新潮流。之后静博士潜心致力于企业的发展，并开始关注员工的幸福问题，并于 2009 年成立静博士养生美容学校，同期推出员工梦想工程。之后对于员工的幸福问题静博士更是推出了一系列举措，2012 年，创办企业大学、创立长辈养老工程、小老板计划；2014 年，创立静娴美容用品公司，成立关怀家基金，获评"浙江省十大幸福型企业"。经过十几年的快速发展，截至 2019 年，静博士美业集团有近 2000 名员工，注册会员 15 万，拥有 100 余家静博士生活美容馆、4 家静港医疗美容连锁、1 家静元堂国医馆、100 多家 MISS 静智能美肤科技所、1 家喜鹊喜报智能 IT 公司和 1 家静学教育（内含静博士美业大学、静博士美容养生学校和商学院），是浙派美容养生的领衔企业。同时静博士建立了"静心关怀"服务体系，率先在行业内将服务品牌化，不仅提倡与顾客进行心与心链接的灵性服务，更需要的是关怀自己的员工，用关怀家精神，践行企业公民责任。静博士致力于提供超越期望的美丽健康服务，让会员外表美丽，内心自在平和，静享大健康之美。

静博士董事长祝愉勤与团队充分洞悉市场需求，不断拓展业务，领导集团一直保持着健康、稳定、快速的增长，先后获得"浙江省著名商标""杭州市著名商标""创新浙商""浙江省商贸百强企业""浙江十大幸福型企业""诚信美容企业"等荣誉称号，已发展成为浙派健康美业的领先品牌和行业领先的标杆企业。

"人生最重要的两件事情：让自己更幸福，然后帮助别人更幸福。"静博士董事长祝愉勤在采访时说道。展望未来，祝愉勤表示静博士要做一家让员工幸福、让客户幸福、受社会尊重的百年企业，为美丽健康事业不懈努力。

 ## "三大精气神"创造幸福企业

很多人创办企业的目的就是赚取利润，但是越来越多的人认为不能把股东利益最大化作为企业唯一的目标。正如科林斯所说：利润对于企业就像空气和水对于人的重要性一样，但是利润不是唯一目的。

静博士作为幸福企业的标杆，以"静心关怀"的文化作为祭奠，倡导静心关怀员工、客户和社会，使得员工在企业中能够感受到满满的幸福感。在这种文化的熏陶下，静博士进一步鼓励员工在技能和手艺上不断"精益求精"，通过不断学习，用自己的专业技能征服客户，感受自我成长的幸福感。"合作共赢"是静博士在创造幸福企业中不可或缺的，与员工合作与学校合作与全行业合作，只有团结了身边一切的力量，让员工感受到幸福，才能创造幸福企业，才能实现企业的百年大计。

一、坚持"静心关怀"文化初心

静博士的创立源于一颗"长坏了"的苹果。卖水果大妈的一句："只允许你的脸坑坑洼洼，就不允许我的苹果坑坑洼洼吗？"让当时任经济专刊中心主任的祝愉勤（现任静博士董事长）和在省妇幼保健院当医护人员的祝晓晴（现任静博士总经理）幡然顿悟，开始想着手改善自己的"面子工程"。"要不试着开一家美容院吧？"祝愉勤不经意地说。就这样，由一颗长痘痘的苹果，姐妹俩拉开了轰轰烈烈的静博士风潮，叩开了美业格局的新篇章。静博士董事长祝愉勤在创业之前从事过多年的财经记者工作，看过太多的企业兴衰，因此，即使最初静博士只是一家小美容院时，已经有意识地去组建企业文化，以关怀文化去影响员工和顾客。

静心关怀是静博士的基因，用手温暖触动，用心诚挚关怀。2012 年静博士建立"静心关怀"服务体系，率先在行业内将服务品牌化，通过产业化平台为会员提供更优质、更个性化、更直达内心的服务。

（一）静心关怀员工

静心关怀，不仅仅是静博士的服务品牌，更是静博士的企业精神。静心关怀，最重要的就是关怀员工。全员社保、工龄工资、带薪年假、考证补贴、养老养小金、年终奖、员工旅游、生日礼……"梦想工程"让员工圆梦，"水蜜桃工程"让员工传帮带，"小老板计划"让员工零风险创业，"快乐工程"让员工开心幸福，"红娘工程"让员工有归属。真正将员工当作家人，给予最贴心的关怀和爱护。

（二）静心关怀客户

静心关怀是一句贴身的问候，是一个简朴的礼物，是一种感同身受的喜悦，是一次诚恳的客服沟通，在静博士，所有的服务都有一个名字——静心关怀。顾客满意是静博士最大的追求。

（三）静心关怀社会

静博士一直心系社会，一直以实际行动履行企业社会责任与义务，把对社会贡献的最大化作为企业永恒的追求，对建设和谐社会和促进社会发展作出了应有的贡献。静博士在自我发展的同时，始终兼顾社会功德和文化传播，给美容行业的发展带来了极大的促进。

静博士集团秉承"利他做人，勇担责任"的原则，创立"关怀家"基金持续勇担企业社会责任，公益慈善事业已经成为了静博士不可或缺的有机组成部分，以"关怀家"基金会为主要平台，为困境中的人送去美好，给厄运中的人以力量，将社会责任贯穿于日常经营和公益事业当中。为了美业行业的良好发展，静博士还成立静好花开美好心灵学苑全国教育基地，携手美业同行，以"提升百万人心灵品质、推动美业转型升级"为使命，践行致良知文化，一起传播行业正能量，为构建美业命运共同体贡献力量。

从最初的一家美容院，到如今的美业集团，18 年间静博士一直坚持着这份关怀文化，坚持着这份初心。正因为有了赚钱以外的理想追求，静博士的团队才能顺利度过创业初期和几次生死存亡的危难时刻。

二、"精益求精"专业创造价值

对专业主义的坚持，是静博士人的倔强。在静博士有一群"匠人"被称为"爱的手工艺人"。她们的一推、一按、一压，都凝聚着醇厚的感情，守护着每一位会员的健康。手工艺人的精神即爱心+恒心+一片苦心+七窍玲珑心+出离心+寂寞心+金刚心+欢喜心，千载有余情。在一切讲求效率、减少成本而尽力获得利益最大化的时代，静博士始终如一，坚守匠心。与此同时静博士一直在布局大健康产业，打通了生活美容、医疗美容和国医馆，形成了健康美丽全套解决方案。从面子工程到里子工程，从技能服务到人文关怀，从传统生活美容到大健康产业，是转型，也是升级。大健康之路，静博士早已出发，但永远在路上。

（一）读懂顾客，以客户为原点

中国的经济发展模式已经改变，中国经济已经从生产、投资拉动型时代，全面转向了消费拉动的时代。消费者是下一个经济时代的主角。人们对美好生活的向往，从衣食住行简单满足逐步向更高的生命质量和更高的生活质量需求转变，百度和谷歌搜索最热门的词之一就是美好生活。

静博士的企业战略为：以顾客为原点，把旗下的静博士生美和静港医美、静元堂国医馆围绕客户打通，以客户为原点，形成大美运行。把心放在客户本身，思考他们的变化和需求，就能够找到前进的方向。静博士董事长祝愉勤女士对多位店长说：在这个时代靠什么立足？就要靠留住顾客的能力，而留住客户的底层逻辑是一颗诚意之心。

人与人之间唯一长久的关系不是喜欢和被喜欢，不是依靠和被依靠，更重要的是一种相互成就，顾客照顾静博士的生意，所以静博士也要义不容辞地照顾她的容颜和身体。顾客成就静博士的生意，静博士义不容辞地成就顾客对美好生活向往的梦想。真正把顾客放在心里，才会明白顾客到底需要什么，才会读懂顾客的心声！

（二）专业主义+互联网行动

"在科技面前谁也无法高高在上，时代将淘汰一切落伍者。"用科技的力量提升管理效率。静博士从 2013 年开始提出数据化的口号，从借力到逐渐组建团队；2015 年，静博士提出了专业主义+互联网行动。布局了若茶科技公司，自主研发喜鹊 App、喜报 CRM 以及鹊巢 ERP，以"数字驱动""智能技术"为特征的"智造场"正式拉开序幕。这套集智能硬件、客户端管理、员工管理、大数据监测于一体的"智能运营"平台，使客户服务及门店管理更加标准化、便捷化、数据化。静博士再次引领了美容业在技术性与体验感方面的双重变革。2016 年提出智云大平移的整体数据化战略。到现在，有数据化工程师和 IT 工程师，40 多人的团队通过几年的努力完善了数据平台架构，从员工端到顾客端，到经营管理财务端，已经完成了全流程的数据化解决方案。期间投入的资金已超 3000 多万元，整套系统很好地服务前线，静博士的店长是拿着手机对着喜报开会的，员工是拿着手机听读学习，给客人做完服务在手机端打卡等。

2019 年是美容业数据化、智能化的实际应用年。数据资产是未来企业经营最重要的资产，数据化、智能化不再是未来，而是现在。美容业企业全面、实时、全流程地忠实纪录企业的运营数据，员工和顾客的行为数据，并通过 AI 将数据运用的优化流程，提升效率，提高顾客满意度和员工满意度，是企业竞争力甚至生存能力的核心要素。

三、合作共赢

（一）员工合作

静博士董事长祝愉勤女士在 2018 年发表的演讲中归纳企业失败的原因主要有两种：一是人心出了问题，二是经营出了问题。她表示："更多的企业是人心出了问题，但我们老板很多都在思考一招一式，花了多少时间在人心上？没有把人心统一起来，必定辛苦！"静博士美业集团总裁楼剑锋曾基于大数据和 AI 的消费者洞察揭示静博士智能运营管理系统，精辟指出企业激励要以尊重人性为基础，最终形成员工和老板互相成就的关系。

静博士快速发展背后的主要原因就是所有员工的心都凝聚在一起。多位创客、合伙人、高管曾分享，因为对企业有高度的认同感，团队才会"心定"，因为在静博士很幸福，员工才会和企业拧成一股绳朝着同一个方向使劲。静博士一直致力于建造一种大的平台性组织，让小个体在团队中形成自己的力量，再对外形成合力。这几年，静博士一直在推巴客、创客合伙人，现在静博士希望能够汇聚更多的个体把企业做成一个大组织，这也是静博士在面对新竞争中做出的组织创新。

（二）校企合作

为深入贯彻落实党的十九大精神，进一步深化产教融合、校企合作，切实提高技工院校人才培养质量，加强企业技能人才队伍建设，充分发挥学校与企业双方优势，更好地为社会、为企业培养高素质、高技能的应用型人才，同时也为学生实训、实习、就业提供更多空间，在双方共同努力下，静博士于 2018 年 11 月 1 日与河南医药技师学院校企合作签约。静博士让企业与学校优势互补、资源共享。

校企合作对于合作双方都有益处。对学校而言：走校企合作之路，可加强理论与实践有机结合，更能有效地促进学生专业的学习和就业，同时还能提高学校人才培养质量；对企业而言：签约则提供了大量的人才资源，促进企业的发展。希望双方加强合作，共谋发展，实现双赢。静博士实现了企业与学校优势互补、资源共享。

（三）行业合作

从生美向医美、国医、行业教育裂变，静博士从事行业教育已经有 7 年多。在静博士有一支专业的团队，把对品牌、对企业文化、对经营管理，尤其是对门店的管理全部总结出来成为一系列课程。2018 年，静博士还将美容养生学院的这种系统化、规范化、裂变化的教育模式进行升级，打造了中国美业智慧分享第一平台——静博士美业大学。集行业内外、商界学界智慧之大成，并结合静博士自己的探索思考，汇聚商学院学不到的管理实践，为行业交流、分享、提升搭建起平台。此外，静博士每年还会召开"创新英雄西湖汇"并向行业开放。

"六大工程"铸就幸福员工

在静博士的发展历程中，始终坚持要"成为一家让员工幸福、让客户幸福受社会尊重的百年企业"，全心全意为顾客服务，全心全意为员工服务，这是静博士的核心文化。静博士美业集团董事长祝愉勤深深明白一个道理：企业经营离不开"人才"的经营。这不是一句口号，而是用时间和行动把这个愿景落到了实处。"好雇主"的期许不再是把"薪酬福利"当作唯一的重心，"尊重员工"成为这个时代既朴素又呼声最高的要求。

静博士推出了六大工程，想给每一位员工以家的温暖。这六大工程具体是："梦想工程""快乐工程""水蜜桃工程""长辈养老工程""红娘工程""创客计划"。正如俗话所说：没有梦想那么人和咸鱼有什么区别？在这六大工程中静博士最早推出的就是"梦想工程"，以梦想滋养，有梦想的员工才能是幸福的员工。然而仅仅有梦想还是不够的，静博士进一步把员工幸福落到实处，在工作上为了解决员工工作氛围和人际交往问题，推出了"快乐工程"和"水蜜桃工程"；在生活上为了解决员工的家庭问题和单身问题，推出了"长辈养老工程"和"红娘工程"。在解决了员工工作和生活的问题之后，最后就是帮助员工实现自我成就，为此静博士推出了"创客计划"，让员工自己当老板，成就自己的人生。静博士从关注员工的物质需求，让员工看到"手中的幸福"，到关注员工的自我需求，让员工感受到"心里的幸福"。员工在静博士收获的是满满当当的幸福。

让2000名员工，活在希望里。让2000名员工，有大的格局，有大的梦想，有大的世界！

一、梦想工程——员工幸福前行

生活不止有苟且，还有诗和远方！每位静博士员工要将自己的梦想写下来，交由人力资源保管，由人力资源对每个员工进行科学的职业生涯规划，鼓励员工建立长期的事业观，激发自我成长意识。"给老爸买手机、全家去旅游、涨工资、当店长、买车买房、当静博士的小老板……"在梦想的支撑下这些普普通通的美容师，美容顾问和助理们，每一天都充满激情和动力，每一天都在奋进和成长。

　　如何在拥有梦想的前提下尽可能地实现它，这是静博士一直在思考的方向，群策群力、辅助前行，让员工从一个个体的"小我"到可以成就一番建树的"大我"。内部人才在不断成长和自我突破的同时，也为静博士的远航提供了强大的驱动力。

二、快乐工程——员工幸福融入

　　为了让员工爱上这个团队，工作起来有激情，静博士会组织很多活动，比如，员工技艺大比拼、军训拓展、卡通派对、文艺晚会、演讲比赛、集体生日会、幸福研习会、每月定期组织看电影、每周一上午封闭式管理培训……丰富多彩的欢乐汇与极具温暖的人文氛围，员工们得以快乐工作，快乐生活。

　　基于大数据基础，静博士还为美容师"减负"1小时。静博士所有门店（商场除外，按商场营业时间）开业时间推迟1小时，由原来的上午9点变为上午10点整开始营业。"减负"不"减服务"，这既是静博士人性化的一面，亦是静博士大数据的强大支撑，更彰显了静博士的"暖心"文化。在静博士，不仅有白领的收入，金领的环境，钻领的人脉，还能越变越漂亮。在静博士，员工有不少"美丽福利"，每月1~4次免费的高品质美容养生护理。此外，优秀员工还能参加静港医美抗衰老中心的"天鹅行动"，享受价值1万~30万元的医美项目。"悄悄变美"的惊喜，让员工有持续的幸福感和自信！

三、水蜜桃工程——员工幸福学艺

　　在静博士经常可以看见别着水蜜桃勋章的"师傅"，这是静博士独有的水蜜桃工程，新学员下店的第一天在静博士里是讲究和隆重的，在这一天有一个静博士一直保持的风俗——拜师，新学员要带着装满诚意的水蜜桃给师父行拜师礼，水果并不贵，但重在心意。一个"水蜜桃"融入了徒弟对师父深深的感恩，也承载了师父对徒弟的一种责任，是静博士的师徒文化。有了诚心的徒弟，师傅自然会不遗余力地去传授技艺，从专业知识、技能手法到服务态度……每个小细节都是手把手交、心贴心地传，以此保证每一位员工以最良好的技能和状态为顾客服务。

　　师傅带徒弟，一代传一代，教者认真，学者用心，感情相融，恰如家人。

水蜜桃工程以"传带帮"的形式，将新员工很好地融入团队，找到归属感，建立师与徒之间更深的情感维系，使静博士的记忆和文化得以传承。

四、长辈养老工程——员工父母幸福养老

小孝是陪伴，中孝是继承，大孝是发扬光大。静博士一直鼓励员工努力"发扬光大"，成为父母的骄傲，静博士推崇孝道文化，以企业行为替员工尽孝道，推出长辈养老计划，用一种集体的情愫，向父母们致敬。

在静博士，凡工作一年以上的员工，其父母每月都会收到 100~300 元的养老金。逢中秋春节，也会给家乡的父母亲寄年货寄礼物，让远方的他们安心放心。此外，每年静博士都会出钱请优秀员工的父母来杭州旅游，来看看这个城市到底有多漂亮，来听听自己孩子有多优秀，来感受自己孩子的工作环境。

优秀员工杨丽萍感激地说："我父母都是农民，每天过着面朝黄土背朝天的生活，从来没有旅游过，想都没想过，公司安排的旅游，爸妈看到我在这么好的环境里工作，看到这么好的领导，很开心、很激动也很感激公司！"

五、红娘工程——员工幸福牵手

你幸福，静博士才幸福！尊重员工的体验与感受，静博士率先携手多家优秀企业发起联谊会、相亲会，拓展个人交际圈，解决员工的婚恋问题。营造轻松活泼的社交氛围，给年轻人提供大胆吐露心声的平台。让员工们快乐工作的同时，能寻找到自己的幸福。

六、创客计划——员工幸福"创业"

静博士想从管理者逐渐成为赋能者，让更多员工在良性竞争的环境下，人人都能当家，做企业主人。静博士的每位员工，只要有能力、有勇气，都可通过规范的形式申请门店小老板，然后以一定比例获得收益、分红。员工若与静博士有着共同的价值观，对健康事业有敬畏心，并有独当一面的能力，也可以成为创客、巴客，与企业建立深度的合作关系，将未来掌握在自己手中。

静博士就是这样一家把员工当作家人，主动把股份送给员工的企业，不是所有的美业都叫静博士，也不是所有美业的老板都有大智慧大格局，优秀人才是每个老板都想要的，但不是每个老板都舍得拿出股份分红给员工，在静博士总部每年的股权激励大会上，总能看到这样的场景：几十万元的奖励、上百万元的股份送到员工手中。

 静博士员工特殊的小幸福

静博士美业员工的幸福感不仅来自于物质，更来自于精神；不仅来自于得到，更来自于付出。

一、员工得到的幸福感

在静博士，口口相传着这样一句话：没学历没背景，有什么关系，来静博士把自己做成"背景"。从老板到员工，都有一部属于自己的奋斗史。在静博士不仅有技术学校还有企业大学。

第一个成长的跳板是静博士养生美容学校，没学历没背景的姑娘们，在这里获得生存的技能，学会展示漂亮的仪表，学会关怀和服务。老师们从企业文化、从养生美容理论、从手把手的实操培训，让姑娘们在3个月的时间内成长，获得一技之长。第二个成长的跳板是静博士企业大学，这是静博士面向全国美业老板、高管的综合系统培训课程，优秀员工可申请参加课程，学系统管理、学品牌营销、学管控、学带团队。让员工持续学习、幸福成长。

在静博士有一种幸福：学士帽工程——边上班边拿文凭，圆你大学梦。静博士与宁波卫生职业技术学院高等学历继续教育校企合作办学，2年半圆大学梦，工作学习两不误。2019年6月，首批静博士"学士帽工程"学员开启崭新的学历提升之旅。静博士养生美容学校继续深化校企合作，全面提高员工技能的同时也心系员工发展，让企业与员工共同成长。同年，省市区三级妇联主席、商务部、市发改委、市服务业联合会、市品牌促进会等社会政要纷纷走进静博士，这是一份信任，更是一种责任。把静博士优秀的、成功的经验分享给所有来客。同时，静博士也一直在走出去，去交流、去分享、去发现、去探索，不仅在行业内发声，美沃斯、成都国际医美大会、美博会……还被邀请走出去，参加韩国亚洲女性CEO大会，代表亚洲女性发表言论。跨越山河大海，飞行万里，进行更广泛的交流。奋斗的路上，静博士从未止步。

二、员工付出的幸福感

静心关怀是静博士的服务文化，静博士董事长说道："我们相信人与人之间是会相互影响的，关怀也是会被传递的。只有员工幸福，员工感受到关怀，才会将这份幸福这份关怀传递给会员。"正是这种服务文化的熏陶，静博士带领着 2000 名员工在慈善的路上携手前进。

2014 年，静博士携手省妇联、省妇女儿童基金会，创立了"关怀家"基金，静博士将目光投向那些因家境困难致使生存举步维艰的妇女、儿童们，并首先捐助 100 万元，这也是全省首支关怀家庭的基金。静博士董事长表示："我们不是土豪，我们不做土豪式的捐赠，但是我们有一颗关怀人的心。今天晚上很寒冷，这样的夜晚，比钱更缺的是温暖和关怀。让我们温暖地伸出自己的双手，去牵那些贫困的、需要帮助的人的手，我相信，这个社会因此而温暖。"同期，静博士在 2014 年获评了"浙江省十大幸福型企业"，社会给予认可，静博士将这份认可用爱的方式传递下去。2015 年，关怀家基金推出"关怀家 1+1+1"模式，即基金会+爱心人士+志愿者，三种力量并行，深度扶持。2017 年静博士再次捐赠 50 万元，并引来了阿里巴巴 2000 万元的公益捐款，用于启动"焕新家园"，为 1000 户 6~16 周岁儿童的低保家庭进行家庭环境改造。2019 年静博士携手腾讯公益、省妇女儿童基金会开展"木兰女匠计划"助力女性实现就业梦。从暖心地铁到杭州大屏，越来越多的人关注到贫困女性就业问题。"9·9 公益日，一块做好事"，静博士联合省妇联基金会共筹款 3427 万元，参与人数 32 万人。2020 年，静博士驰援武汉，捐赠了 50 万元护肤品，为女医护人员送去关爱和美丽。

酷暑时分，"关怀家"凉茶行动为邻里送去清凉；严寒时分，"关怀家"暖茶活动为路人送上温暖；老吾老以及人之老，让员工们亲手给社区老人熏个艾灸、推个经络、送个泡脚粉；借助关怀家基金平台，号召万余名会员给贫困山区捐赠保暖衣服，深入需要帮助的家庭，向他们传递温暖。"关怀家"们还走进低保家庭，并已帮扶衢州、丽水、杭州、象山、庆元、常山等地数以百计的困难家庭。大爱，是一场动人的接力赛，静博士想凝聚一些力量，做一些力所能及的事。内心有爱，传递这份爱，静博士相信这样员工的幸福的感觉是更高层次的。

 经验借鉴

当今社会，人才竞争日益激烈，已经进入了争夺人心的"心"时代。在这个时代要得到人心，比 10 年前、20 年前要难得多。经营企业就是经营人心，得人心者可以得天下，当然也可以得财富。用什么才能得到人心呢？幸福，只有幸福才是赢得人心的"吸铁石"。幸福就是生产力，幸福就是核心竞争力。静博士从对于员工个体、组织管理和企业发展方面都为如何建设幸福企业带来启示。

一、人文关怀先行，人文教育培根

人是社会发展的原动力，同时也是社会发展成果的享用者，社会发展，归根结底是使人性得到最大限度的发展。我们有理由相信：一个人文气息浓厚的组织，其员工队伍必然是充满生机与活力的；一个人文气息浓厚的组织，人的个性得以充分的发展，其素质必然相应提高，员工的爱岗敬业的习惯会水到渠成；一个人文气息浓厚的组织，其凝聚力、向心力定然是强大的，由此，其执行力效能和管理水平也会随之增强。

正如静博士始终如一地坚持着静心关怀的初心，重视员工的幸福，倡导"家文化"，把员工当成家人。静博士从传统文化中汲取适合现代管理的养分，使得很多传统文化的精髓成为公司企业文化的一部分，孝亲尊师，成为公司的道德规范；互帮互助，成为公司员工的行为规范；积极向上，是每位员工的精神面貌。静博士将文化理念通过人文教育、领导垂范等方式，让员工随处可看到、听到、做到，将理念转化为员工信念，并直接影响员工行为举止。

员工是企业的主体，也是企业人、财、物三要素中最核心、最活跃的要素。企业的产品出自于员工，企业各种制度、标准以及文化和理念的执行归结于员工，外界对一个企业的认知同样来源于员工。作为企业的各级管理者应该把更多的关怀与关注投向这些默默为企业奉献着的员工。

二、管理赋能，创新管理模式

对于企业而言，人力资源是最重要的资源。静博士美业在发展过程中逐步形成了一套自身的人力资源管理模式。选人的时候高度注重选择与公司同频的人，价值观要一致，公司提拔重用价值观吻合、能力出色的人才。高度认同的企业文化，使得员工与公司成为命运共同体，员工把公司的事当成自己的事，焕发出的热情和责任感大大超出想象。并且通过"创客计划"，股权激励制度使得员工关注公司的发展，人工效率提升了，员工离职率降低了，幸福感大大提升了。

企业要充分利用公司现有资源与优势，给予员工相对的权力和自由，鼓励员工加入企业建设中，加快项目的推进，促进企业的发展。推进产业整合与升级，使得公司经营业绩稳步增长，行业优势地位进一步显现，以良好业绩积极回报员工。

三、守企业使命愿景，树社会责任品牌

"企业做大，不一定快乐；做小，不一定不幸福。你一定要想明白，你有什么？你要什么？你能放弃什么？我把这称之为'使命感'。"企业家马云曾这样说道。企业使命和愿景是企业的存在理由，是企业根本的、最有价值的、崇高的责任和任务，是企业的终极意义。

静博士美业一直坚守企业愿景和使命，并立志做一家让员工幸福、让客户幸福、受社会尊重的百年企业，用爱守护客户的健康和美丽。并且积极投身于公益活动，带领全体员工以"关怀家"的身份将爱传递下去。大爱，是一场动人的接力赛，静博士想凝聚一些力量，做一些力所能及的事。毕竟，一种帮扶，能延伸出万种可能！

将使命扛在肩上，将愿景牢记心中，营造公司和谐环境，积极承担社会责任，让员工感到在这里工作很自豪很骄傲。这种归属感、价值感、自豪感会产生强大的驱动力，提升企业的绩效和品牌形象。

 案例总结

静博士在企业与员工在组织关系上"无界共赢"、文化体系上"多元同

心"、激励机制上满足"自我实现"这三个方面的不断努力，形成了关怀包容与专业主义兼具的企业文化。

这些年，静博士不断走出"舒适区"，引领美业进入革新时代。这一切都是为了实现人类亘古的梦想：活得美一点、久一点。因为要活很久，所以不急功近利，不因利丢义。因为要活很久，所以要让顾客觉得幸福，让员工觉得幸福。因为要活很久，所以要看得远，要有理想有追求，做一家对国家对社会都有贡献的伟大企业才是静博士的终极理想。

静博士的案例让我们看到了关怀、合作和信仰的力量，快乐工作是幸福企业的基础，共同富裕和共同发展是幸福企业的核心，受人尊敬是幸福企业的关键，健康长寿是幸福企业的保障。特别需要强调的是，幸福不是画饼充饥，要给员工当下的幸福。愿意和员工站在一起共同成长的企业一定会是成功的幸福企业。

本篇启发思考题

1. 企业应如何将员工的个人幸福落到实处？
2. 企业如何以幸福战略为指导进行发展？
3. 促进企业创造幸福企业的因素有哪些？

资料来源

静博士美业集团有限公司官网，http：//www. drjing. com/。

参考文献

［1］祝愉勤. 静心做个手工艺人［J］. 浙商，2017（5）：101.

［2］姚珏. 祝愉勤."喜鹊"地派美业飞跃梦想［J］. 浙商，2015（14）：82-83.

［3］美业营销怎么做？静博士绿调发声［J］. 医学美学美容（财智），2013（5）：85.

［4］段利军. 用传统文化打造百年幸福企业［J］. 前进，2019（4）：40-41.

［5］周文辉，张敏. 如何构建幸福企业——天然工坊创建幸福企业之路［J］. 现代企业文化，2019（9）：108-110.

新时代浙商幸福企业建设的经验和启示

一、新时代浙商幸福企业建设经验

浙商企业在开展幸福企业建设方面进行了许多有益的探索和实践，提升了企业的全球竞争力，激发了企业发展信心，积累了宝贵经验。为归纳和总结浙商在建设幸福企业过程中所取得的宝贵经验，本书以案例的形式，选取了 14 家具有代表性的浙江民营企业作为研究对象，在参考了以往学者的研究成果、中外媒体的新闻报道，同时对部分案例企业进行了实地调研访谈基础上，对案例企业在建设幸福企业过程中的探索和实践进行了深入的调查和分析。

通过对 14 家浙商企业建设幸福企业过程的分析，发现在建设幸福企业方面有几点共同经验，具体如下：

经验一：通过激发企业发展活力，培育员工幸福源泉

新时代的幸福企业有其丰富的内涵，而企业作为经济主体，自身能够持续、有效地向市场提供产品或服务，并拥有获得盈利和自身发展的能力，才是企业的幸福之本，员工幸福的源泉。

万丰奥特广泛开展技术革新、发明创造、合理化建议等活动，号召职工针对生产经营中的薄弱环节和制约企业效益提升的瓶颈，积极为企业发展建言献策、攻坚克难。奥克斯集团把在实践中提炼的企业核心竞争力归结为一个核心、三大机制、四大能力所构成的八大要素，即"1+3+4"模式的企业核心竞争力，奥克斯集团企业核心竞争力是其发展、壮大，走向世界的基本支撑力，也是解读奥克斯幸福发展的重要因素。海亮集团非常注重一线员工的创新，员工有更多的创新想法，通过对员工创新给予认可奖励，调动和鼓舞了一线员工年轻员工的工作积极性，激发了企业发展活力。圣奥集团把提升员工的幸福感视为企业的重要追求，将惠及员工的政策和举措落到实处，

减少"纸上谈兵"，这使企业员工的工作积极性和企业凝聚力得到了提升，进而提高了企业生产力。

由上可以看出，如果没有企业的持续发展和经济实力的不断壮大，打造幸福企业，培育幸福员工也就失去了现实的物质保障。激发企业活力，提升企业竞争力既是企业生存的需要，也是企业完成"幸福企业"蜕变的重要条件。员工对幸福的追求既是目标，也是过程，企业只有做到了基业长青、活力不减、持续发展，才能满足员工不断增长的对幸福美好生活的追求，才是真正意义上的幸福企业。

经验二：切实保障员工利益，助力员工幸福发展

自我决定理论认为人们能否体验到幸福，取决于那些与人的自我实现需要密切相关的一些基本需要的满足情况（陈玮、费健和袁青，2010），幸福不仅仅是获得快乐，而且还包含了对员工不同层次发展需要的满足，充分发挥其潜能而达到自我实现感。

薪资福利是"硬核"，是员工幸福的基础。在薪酬方面，天能集团构建了对外具有竞争力、对内公平的薪酬体系，并保证员工薪酬每年以 10% 的速度增长，让员工共享企业发展成果。奥克斯的薪酬设计则确立了员工的基本薪酬结构——岗位工资、技能工资、市场工资及考核工资，并规定员工收入每年必须提升 5% 及以上，在这样的氛围下，全集团人均收入提升连续 3 年超过 8%。

在福利待遇方面，海亮集团严格按照法律法规的要求，完善公司内部管理流程，确保员工利益得到保障，聘请专业律师出具法律意见书，有效保障员工各项权益的实现。浙江天搜科技以实际行动让员工快乐工作，成立员工关爱组织俪人汇、开启员工增发期权持股计划、提供贴心生活福利，努力为员工创造轻松的工作氛围。圣奥集团成立员工互助基金会、为员工子女打造小"候鸟"公益学堂、发起"健康办公周"等活动，圣奥这一系列既贴心、又实用的举措保障了员工的切身利益。

企业的价值在于员工的幸福和感动，保护员工权益是让员工产生归属感的重要举措，员工幸福感的获得成为企业发展的重要目标。员工是否幸福，很大程度上取决于自身权益是否得到保障。员工是一个企业的重要组成部分，因此，企业管理者要完善薪酬福利体系，满足员工的合理需求，创新激励机制，提高员工的幸福指数。

经验三：时刻关注员工身心健康，提升员工幸福指数

根据享乐论和实现论两种不同的哲学理论，幸福感可分为主观幸福感和心理幸福感。主观幸福感是人们的情感反应及对生活质量的整体评价。心理幸福感是一种积极的心理感受，强调个体潜能实现的状态和感受快乐的体验，是人们从事与自己深层价值观相匹配的活动并沉浸在其中所产生的状态（曹曼、席猛和赵曙明，2019）。员工需要满足既受到高绩效工作系统的影响，又反过来促进员工幸福感的感知，当高绩效工作系统能够实现个体心理需要满足时，个体更容易获得幸福感（陈春晓等，2020）。

现代社会竞争日益激烈、员工所面对的身心压力增大，企业对员工身心健康的关爱就显得尤其重要。传化集团设立"幸福员工心理工作室"，建立起呵护员工心理健康的辅导平台，进一步丰富了传化和谐劳动关系建设载体，努力把人文关怀落到实处。浙大网新定期给员工进行免费体检并举办健康沙龙，密切关注员工心理和生理的健康，这是浙大网新建设成为幸福企业的基础。浙大网新长期以来一直非常关注员工的职业心理健康，开展跨部门的心理健康教育与咨询，注重人文关怀和心理疏导，同时建立沟通机制，要求经理人深入基层，了解员工的思想动态，帮助员工解决实际问题。正泰集团工会主动引进"员工心理健康援助"计划，通过各种渠道和方式引进专业人士对员工开展培训辅导、心理测评、实操督导等工作，帮助员工解决各种身心健康问题，提升全体员工的心理健康水平和幸福感，促进员工工作绩效的提高。

人才是企业的生产力、竞争力，但是人才的价值始于健康，现代社会想要建设成为幸福的企业，就要将关注员工身心健康这份温情不断延续下去。企业不仅要关心员工的付出，也要关心其所得，关注员工的心理健康、普及心理健康知识；关注员工心理诉求、减轻员工的心理和工作压力；及时进行员工心理疏导，提升员工幸福指数，是企业开展幸福企业建设的重要内容。

经验四：全力实施企业民主管理，充分尊重员工发展需求

按照波特—劳勒激励模型，在其他因素不变的情况下，如果员工工作意愿越强烈、则能力能更有效发挥，其绩效更容易提高。员工是否带着归属感和幸福感工作，做出来的成果是完全不一样的（朱美朔，2019）。

为提升员工的归属感和主人翁意识，在企业民主管理方面，传化充分尊

重员工权利，实施民主管理，推出了积分制度。员工通过在日常工作中发现隐患、提出合理化建议、参与改善提案等，可获得一定的积分，积分累积到一定数量后，就可以向企业换取自己梦想清单上的礼物。保障员工的知情权、参与权、表达权、监督权，则是万丰奥特推进"双爱"活动的必然要求，万丰奥特通过"民主工程"建设，确保员工"权有所维"，万丰从组建之初，就建立了民主评议干部制度规范制度维权，建立员工收入与企业效益同步增长机制。

在保障员工职业发展方面，正泰集团坚持"知识推动企业进步，学习造就员工未来"的理念，以培养管理、销售、技术等六支专业队伍为目标，形成完善的三级知识管理体系，在很大程度上为企业员工的职业发展以及个人成长铺平道路。浙江天搜科技认为未来企业间的竞争，一定是学习能力的竞争，天搜为每位新员工开设"上岗第一课"、量身定制课程培训方案、建设天搜大学。浙大网新重视人才的培养，根据需求对岗位进行分类，形成合理的人才晋升通道，建立公正、公开、透明的内部转岗晋升通道。

通过强化民主管理，提升员工的归属感和忠诚度。员工对公司的忠诚度提高后，会给企业带来巨大的效益，用每一位员工对企业的向心力，就可以凝聚整个公司员工的人心。

经验五：积极承担企业社会责任，为建设幸福社会做贡献

企业社会责任的履行不仅能提升企业的价值，实现企业与社会环境的和谐，还能促进企业绿色创新的增长，从而提高企业绩效（Flammer, Hong & Minor, 2019）。利益相关者理论认为企业作为社会经济的主体，不仅担负着创造社会财富的重任，还应增进其他社会利益，包括消费者利益、员工利益、环境利益和社会公共利益等。因此，企业承担社会责任，不仅可以增加利益相关者的物质财富，同时可以改善社区环境、为公益事业贡献力量（吴艾莉，2014）。

企业承担的社会责任有三个层面，分别是员工层面、社区层面、社会层面。在员工层面，传化集团形成了企业关爱员工、员工爱护企业、企业回馈社会、社会支持企业的和谐氛围，在发展好企业的同时，积极履行好创造税收、增加就业、保护环境、回报社会等责任，着力提高员工素质技能，让员工获得全面发展。在社区层面，作为从村办小企业起家的天能集团始终不忘反哺新川村，天能集团和新川村"结对子"，天能充分发挥企业在资金、技

术、人才和信息等方面的优势，与新川村开展经济、文化、环境等村企共建活动，探索乡村振兴新路径。横店影视城作为一家服务型企业，不仅仅考虑了员工的幸福，也为如何让创始人幸福、服务对象幸福做出了大量的探索和实践，实现双赢。在社会层面，吉利集团启动"吉时雨"项目，经过三年的实践，建立"集团牵头、基地主办、伙伴协同、全员参与"的内部扶贫工作机制，构筑"政府搭台、企业出资源、合作社+农户执行、社会组织监管"的多方参与、农户受益的扶贫工作格局。

企业社会责任是对企业行为的一种要求，目的就是企业最终发展不仅是为了自身的利益，更是为社会服务，为人民服务，为社会主义幸福社会服务（陈朋和蒋雷，2017）。企业作为经济发展中的主体，在成长过程中索取了资源，因此有义务去对社会做出回报，其回报的重要途径就是履行企业社会责任。企业积极承担社会责任有利于保护资源和环境，最大限度地增进环境利益和社会公共利益，实现人与自然和谐发展，满足公民对健康环境的需求，为建设幸福社会做出贡献。

二、新时代浙商幸福企业建设启示

启示一：构建和谐企业劳资关系，是实施幸福企业建设的基础

要想让员工在工作中感受到幸福，就必须构建一种团结和谐的工作氛围。在这样一种宽松活跃的环境中工作，员工能够保持愉悦的心情，积极向上，畅所欲言（张广仁等，2015）。中国人的幸福感重视人际与集体的和谐，重视精神的感受，曾红和郭斯萍（2012）认为，中国传统的幸福观认为幸福不仅是个人基本物欲的满足，更是通过与他人、与社会、与自然的和谐相处而获得的心灵的安宁。

企业需要构建和谐的劳动关系，这是建设和谐社会的重要方面，特别是在当前企业劳资纠纷呈上升趋势的情况下显得尤为重要。因此，企业应营造和谐向上的工作氛围，创建劳动关系和谐企业，使员工感受到企业大家庭的温暖，提升员工的幸福感，这不仅是企业生机和活力的根本所在，这也成为幸福企业建设的必然追求。

启示二：坚持以人为本管理理念，营造企业幸福工作氛围

以人为本幸福观是建立在对人的尊重、关心、呵护以及给予人文关怀基础上的幸福观，是一种满足人的合理的物质需要和精神需要，全面地提高人的生活品位，促进人的素质的全面提高和人的全面发展的以人为本的幸福观（夏颖，2012）。企业在管理中要正确运用人本管理原理，坚持以人为本的原则，以提高员工们对企业的认同感。

幸福强调的是人的心理体验和内在主观感受，没有外部环境的积极性刺激和影响，幸福感不会由内而发。因此，要想打造幸福企业，企业需要坚持以人为本的原则，要以积极性的活动给员工带来积极心理体验。如果没有企业内外部环境的持续改善与优化，没有员工满足感和获得感的持续，幸福企业建设也就无从谈起。

启示三：不断完善员工职业发展通道，打造企业组织学习平台

根据马斯洛的需求层次理论，当人的基本需要得到满足后，自我实现等高层次的需求满足更可能激发人的幸福感。设计多元化的员工职业通道，建立一套公平、公开、合理的晋升机制，有利于提高员工的工作动力，增强企业的核心竞争力，对提高员工的归属感和幸福感有非常显著的激励效果（李菲，2017）。

科学合理的晋升通道不仅可以帮助员工在自己的职业通道上顺利走下去，还能够一定程度上让员工产生更大的责任感，降低员工流失率。对幸福企业内涵的理解不应局限于增加员工的薪酬福利，还需帮助员工实现其梦想。因此，企业应注重人才培养，在员工培养上下功夫，鼓励员工幸福成长，打造学习型组织，激发员工潜能，帮助员工在工作中不断成长，提高员工幸福感。

启示四：建设幸福企业文化，帮助员工树立正确的幸福观

幸福的企业文化是公司的内功、软实力，是最大的生产力。文化是建构幸福观及塑造个人幸福主观经验的重要力量，文化也因此为人们设定了幸福的不同来源与条件，不同的文化会塑造出个体不同的幸福观，而幸福观又直接影响到人们的幸福感（胡玲，2019）。

随着社会开放程度的提升与互联网的普及，多元文化并存格局已经形成，人们对于幸福的体验与感知受多种不同文化因素的影响。幸福企业文化要注

重满足员工不断增长的幸福要求，引导员工保持健康向上的心态，营造良好的文化氛围，制定并落实幸福企业建设的相关制度措施。企业要建设以提升全体员工幸福感为主线的幸福文化，努力营造出一种尊重、理解、关心、友善、快乐、轻松的幸福文化氛围，树立和贯彻以人为本的幸福观，使企业的"幸福"文化得以延续。